大学入試

レベル別

英文法問題

Solution
Last Spurt

ソリューション ラストスパート

スタンダード
レベル

JN107058

別 冊 問 題

DAY 1

1 次の各文の（　　）に入れるのに最も適当なものを、それぞれ下の①～④のうちから1つずつ選びなさい。

1
We carry a great selection of racquets, which are (　　) for rental or purchase.
① matching　② available　③ competitive　④ sporty

（昭和女子大　人間文化）

2
If Max had attended the party yesterday, he (　　) Mary there.
① met　　② had met　　③ meet　　④ would have met

（清泉女子大　文）

3
They did their best in order to carry (　　) their plan.
① up　　② for　　③ in　　④ out

（フェリス女学院大　国際交流）

4
We are going to (　　) the matter in the meeting tomorrow.
① tell　　② discuss　　③ talk　　④ speak　　（摂南大）

5
It was kind (　　) you to help me with my paperwork.
① of　　② in　　③ on　　④ for　　（中部大　工）

6
I have never used some of the (　　) of my smartphone.
① requests　② actions　③ functions　④ instruments

（佛教大　文）

7
I missed the train! I (　　) home earlier.
① left　　② must have left
③ should have left　　④ would have left　　（武蔵大　経済）

8
(　　) I arrive at Nagoya Station, I'll call you.
① As far as　　② As many as
③ As much as　　④ As soon as

（愛知学院大）

9 People who are used to (　　　) things in their way cannot change easily.

① do　　　② be doing　　　③ doing　　　④ be done

(大阪学院大　商)

10 The businesswoman plans to open (　　　) five restaurants across the city.

① as many as　　　② as much as

③ many more of　　　④ as little as　　　(日本女子大　家政／改)

2　次の各文において、日本語があるものはそれを参考にしながら、それぞれ下の語句を並べかえて空所を補い、最も適当な文を完成させなさい。

1 今日では多くの人が主たる情報源としてインターネットに頼るようになった。

Many people today (　　　) (　　　) (　　　) (　　　) (　　　) (　　　) (　　　) their chief source of information.

① the Internet　　　② come　　　③ rely

④ have　　　⑤ as　　　⑥ on

⑦ to　　　(東海大　文)

2 あなたにお会いできる機会に恵まれて、私は幸せです。

I am (　　　) (　　　) (　　　) (　　　) (　　　) to meet you.

① to　　　② fortunate　　　③ enough　　　④ have

⑤ the opportunity　　　(桜美林大)

3 The supermarket (　　　) (　　　) (　　　) (　　　) next year.

① closed　　　② will　　　③ remain　　　④ until　　　(大阪経済大)

4 I can't possibly (　　　) (　　　) (　　　) (　　　) (　　　) in this weather.

① allow　　　② go　　　③ home　　　④ to

⑤ you　　　(自治医科大　看護)

5 スコットランドはウイスキーで有名で、多くの国に輸出されています。

□□□ Scotland is ( ) ( ) ( ), ( ) ( ) ( ) to many countries.

① is   ② exported   ③ whisky

④ for   ⑤ famous   ⑥ which   （中京大）

---

3 次の各文において、間違っている箇所を①〜④の中からそれぞれ1つずつ選び、正しい形に変えるか削除しなさい。

1 I ① easily get sick while ② reading a book or ③ watch my

□□□ smartphone screen ④ on the train.   （佛教大　仏教）

2 As Steve has just recovered from a serious illness ① recently,

□□□ everyone ② is worried that he will be ③ impossible to climb that mountain next month. He'd ④ better try later when he's fully fit.

（南山大　外国語）

3 I'll never forget ① to get lost ② when we were ③ climbing in ④ the

□□□ Alps last year.   （広島修道大　商）

4 I ① immediately realized that your car, ② made in Italy, is superior

□□□ ③ than ④ his.   （和光大）

5 As our house is starting to look ① pretty old, we'll ② have to get

□□□ someone to paint it soon. It ③ will be cost a lot of money, but I think we can ④ afford it.   （南山大　法）

DAY 2

月　　日（　）

1 次の各文の（　　　）に入れるのに最も適当なものを、それぞれ下の①～④のうちから1つずつ選びなさい。

1 □□□ Oh, I left my dictionary at home! Do you have (　　　) you could lend me?

① it　　　　② one　　　　③ them　　　　④ some

（東海大　文／改）

2 □□□ The country has been in a poor (　　　) state since the end of the war.

① artificial　② economic　③ effective　④ broad

（中村学園大　栄養）

3 □□□ Miho's parents won't let her (　　　) to the concert.

① go　　　② going　　　③ to go　　　④ to going

（慶応大　看護医療）

4 □□□ The train (　　　) slowly at the station when I arrived there.

① has been stopping　　　② was stopping
③ is stopping　　　④ has stopped

（東京経済大　経）

5 □□□ I remember the day I met Mr. Brown (　　　) it had happened yesterday.

① when　　② as when　　③ as if　　④ as　　（松本歯科大）

6 □□□ Let her do (　　　) she likes.

① where　　② what　　③ who　　④ which

（大阪経済大）

7 □□□ A : This is really heavy. Would you mind (　　　) it upstairs for me?
B : Not at all, Sarah.

① to carry　② carry　③ carrying　④ being carried

（北海道医療大　薬）

8 ( ) he had met her before, he did not instantly recognize her on the street.

① Although　② As　③ Because　④ Since

（武庫川女子大　文）

9 Don't talk with your mouth ( ).

① filling　② full　③ fully　④ full of

（白百合女子大）

10 Sarah is confused with a ( ) problem than usual.

① far more hard　② less harder
③ much harder　④ no more hard

（法政大　経済）

2　次の各文において、日本語があるものはそれを参考にしながら、それぞれ下の語句を並べかえて空所を補い、最も適当な文を完成させなさい。

1 私たちはその計画をあきらめざるをえなかった。

We had ( ) ( ) ( ) ( ) ( ) the plan.

① but　② choice　③ give up　④ no
⑤ to

（駒沢女子大／改）

2 彼のメールアドレスを知らなかったので連絡できなかった。

I wasn't ( ) ( ) ( ) ( ) ( ) ( ) his e-mail address.

① able　② contact　③ him　④ knowing
⑤ not　⑥ to

（駒沢女子大）

3 She kept ( ) ( ) ( ) ( ) ( ) stand for one side or the other.

① not　② silent　③ in　④ to
⑤ order

（大阪医科大　看護）

4 It's easy ( ) ( ) ( ) ( ) ( ) ( ) ( ) ( )
□□□ ( ) recommends.
① sales　　② me　　③ clerk　　④ turn
⑤ what　　⑥ to　　⑦ for　　⑧ a
⑨ down
（二松學舎大）

5 飢えに苦しんでいる人々には、早急な援助が必要である。
□□□ Those ( ) ( ) ( ) ( ) ( ) ( ) ( ).
① are　　② from　　③ help　　④ hunger
⑤ need　　⑥ suffering　　⑦ urgent　　⑧ who　（京都女子大　文）

3 次の各文において、間違っている箇所を①～④（①～⑤）の中からそれぞれ1つ
ずつ選び、正しい形に変えるか削除しなさい。

1 A：Have you finished ① <u>writing</u> the annual report? I want to refer
□□□ ② <u>to</u> the data in order to prepare for the meeting this coming
Friday.
B：Sorry, I'm ③ <u>still</u> working on it. I'll have it done ④ <u>until</u> tomorrow.
（愛知学院大）

2 It was ① <u>quite clearly</u> that the chairperson ② <u>was being</u> ③ <u>given</u>
□□□ ④ <u>false information</u> by ⑤ <u>those</u> around him.　（追手門学院大）

3 The doctor ① <u>demanded that</u> Bob ② <u>got</u> ③ <u>plenty of</u> rest ④ <u>after</u> the
□□□ operation.　（関西医科大　看護）

4 I hear that there have ① <u>been</u> ② <u>a lot</u> of difficult problems ③ <u>at</u> his
□□□ school ④ <u>recent</u>.　（大阪薬科大）

5 ① <u>Statistics show</u> the evidence of ② <u>a rapid increase</u> in ③ <u>a number</u>
□□□ of tourists ④ <u>to</u> our small town.　（京都外国語大）

DAY 3

1 次の各文の（　　　）に入れるのに最も適当なものを、それぞれ下の①〜④のうちから1つずつ選びなさい。

1 How (　　　) will the next train come?
□□□ ① often　　　② long　　　③ soon　　　④ far　　　（広島修道大）

2 Kim (　　　) his book for ten years while he had a job at the press.
□□□ ① had been writing　　　② writes
③ has been writing　　　④ is writing　　　（武蔵大　経済／改）

3 These photos (　　　) me of my childhood when I lived in New York.
□□□ ① cause　　　② make　　　③ remember　　　④ remind
（愛知学院大）

4 These books (　　　) to this library. You cannot take them home
□□□ without checking them out.
① belong　　　　　② belonged
③ are belonging　　　④ are belonged
（フェリス女学院大　国際交流）

5 If you (　　　) much earlier this morning, you would have enough
□□□ time to eat breakfast now.
① had gotten up　　　② got up
③ have gotten up　　　④ would get up　　　（大阪医科大）

6 He suggested that our company (　　　) more enterprising in order
□□□ to increase sales.
① to be　　　② being　　　③ be　　　④ were to　　（駒澤大　文）

7 Shintaro Mochizuki made history in 2019 becoming the first
□□□ Japanese male player (　　　) win a junior Grand Slam title.
① for　　　② to　　　③ when　　　④ like　　　（札幌大）

8 I think you should cut ( ) on sugar to lose weight.
　① down　　② off　　　③ out　　　④ up　　（名古屋女子大）

9 Let's take a plane ( ) we can get there one hour earlier.
　① such as　② so as　　③ in order　④ so that　（松本歯科大）

10 The traditional system was designed in the 20th century before the
Internet and smartphones, so we are ( ) a new system.
　① invading　② inventing　③ inviting　④ involving
　　　　　　　　　　　　　　　　　　　　　（中村学園大　栄養）

2 次の各文において、日本語があるものはそれを参考にしながら、それぞれ下の語句を並べかえて空所を補い、最も適当な文を完成させなさい。ただし、文頭にくるものも小文字で示してあります。

1 The rain ( ) ( ) ( ) ( ) ( ) ( ) the river.
　① from　　　② going　　③ in　　　　④ prevented
　⑤ swimming　⑥ the boys　　　　　　　　　　（獨協大）

2 私は医者として、患者に自身の病気についてできる限り多くのことを知らせるようにしている。
As a doctor, I ( ) ( ) ( ) ( ) ( ) patients know
as much about their diseases as possible.
　① let　　　② a rule　　③ to　　　④ make
　⑤ it　　　　　　　　　　　　　　（桜美林大　リベラルアーツ）

3 ちょうどバスが来ました。バスで渋谷まで行ったらいかがですか。
Here comes the bus just now. ( ) ( ) ( ) ( ) ( )
( ) Shibuya?
　① you　　　② why　　　③ take　　　④ to
　⑤ it　　　　⑥ don't　　　　　　　　　　　（拓殖大）

4 その数学の問題を解くのに１時間くらいかかった。

□□□ ( ) ( ) ( ) ( ) ( ) ( ).

① about ② the math problem

③ I ④ spent ⑤ an hour ⑥ solving （九州国際大）

5 We treat our guests ( ) ( ) ( ) ( ).

□□□ ① the way ② be treated ③ like to ④ we would

（大阪経済大）

---

3 次の各文において、間違っている箇所を①～④（①～⑤）の中からそれぞれ１つ
ずつ選び、正しい形に変えるか削除しなさい。

1 If you need ① to fit a person or ② task in, you try ③ to finding the

□□□ time ④ to deal ⑤ with it. （追手門学院大）

2 A：You borrowed some money from me ① a few months ago.

□□□ B：② Did I? Are you sure? I don't remember ③ to borrow ④ any

money from you. （愛知学院大）

3 I ① haven't seen Tom ② for ③ a long time. When ④ have you seen

□□□ him last? （関西医科大　看護）

4 ① The school principal, Mr. Miller, ② always ③ have the teachers

□□□ ④ hand in their monthly reports. （大阪薬科大）

5 I need ① to check the balance of my bank account. My salary

□□□ ② should have ③ be paid days ④ ago. （京都外国語大）

DAY 4

月　　日（　）

1 次の各文の（　　）に入れるのに最も適当なものを、それぞれ下の①〜④のうちから１つずつ選びなさい。

1 It (　　) Tom all afternoon to paint the wall, so he couldn't do anything else.
① demanded　② spent　③ took　④ saved　（獨協医科大）

2 Although movie theaters have student discounts every Wednesday, I wish the tickets (　　) even cheaper.
① are　② be　③ will be　④ were　（フェリス女学院大）

3 It was at the station (　　) I met him last night.
① that　② then　③ if　④ there　（埼玉医科大　医）

4 Jane：Have you finished your homework?
Dave：No, but I will get it (　　) by tomorrow morning.
① finish　② finished　③ finishing　④ to finish　（愛知学院大）

5 (　　) with flowers, the garden was so beautiful.
① Filled　② Filling　③ Having filled　④ To fill　（武蔵大　経済）

6 Many students fall asleep during afternoon classes. I (　　) wondering if they get enough sleep at night.
① can't help　② can't keep　③ don't mind　④ don't care　（獨協医科大）

7 It is far (　　) to save some of your money than to spend it all at once.
① good　② worst　③ better　④ inferior　（武蔵野大　文）

8 A : I won't be able to finish reading that novel before our next class.

B : (　　　).

① Neither will I　　　② Please help yourself

③ I'd rather not say　　④ It's very kind of you

（北海道医療大　薬）

9 Michael (　　　) to come to save us.

① managed　　　② disappointed

③ encouraged　　④ completed

（中京大　国際）

10 (　　　) the heavy rain, we held the sports day according to schedule.

① Despite　　② However　　③ Thanks to　　④ Though

（京都女子大　文）

2　次の各文において、日本語を参考にしながら、それぞれ下の語句を並べかえて空所を補い、最も適当な文を完成させなさい。

1 高齢者のことを考えて建物は設計しなければならない。

Architects must take the needs (　　) (　　) (　　) (　　) (　　).

① account　　② elderly　　③ into　　④ of

⑤ people

（追手門学院大　経済）

2 その市は、費用がかかりすぎだという理由から、祭りを行わないことにした。

The city decided (　　) (　　) (　　) (　　) (　　) (　　) (　　) (　　) it would cost too much.

① grounds　　② hold　　③ not　　④ on

⑤ that　　⑥ the　　⑦ the festival　⑧ to

（金沢工業大）

3 田中さんはパリに出張をすることになっています。

Mr. Tanaka (　　) (　　) (　　) (　　) (　　) (　　) (　　) to Paris.

① is　　② a　　③ supposed　　④ business

⑤ to　　⑥ make　　⑦ trip

（尾道市立大）

4 AI技術がこれほど盛んになったのは最近のことだ。

It ( ) ( ) ( ) ( ) ( ) ( ) popular.
① became ② recently ③ so ④ that AI technology
⑤ until ⑥ was not

(日本大)

5 トムとメアリーの間には、何か誤解があったにちがいないと思います。

I think ( ) ( ) ( ) ( ) ( ) ( ) ( ) between Tom and Mary.
① that ② been ③ must ④ misunderstanding
⑤ have ⑥ some ⑦ there

(神戸学院大)

3 次の各文において、間違っている箇所を①〜④（①〜⑤）の中からそれぞれ1つずつ選び、正しい形に変えるか削除しなさい。

1 A : OK. As this might become a ① more serious problem, we should ② discuss about the matter as soon as possible.
B : Thanks. Let me know if you need any more ③ information. ④ I'm willing to help you any way I can.

(愛知学院大)

2 ① While I ② was studying, ③ my neighbor kept ④ played ⑤ loud music.

(立正大)

3 The family ① finally found ② a house ③ in that they ④ wanted to live.

(大阪薬科大)

4 I ① have should attended ② the lecture last week, but I was very sick and ③ had to stay home ④ all day.

(大阪薬科大)

5 Karen found ① it difficult to believe that she ② has been offered ③ a manager position at one of ④ the top companies in the country.

(京都外国語大)

D A Y
1
2
3
4
5
6
7
8
9
10
11
12
13
14
15
16
17
18
19
20

DAY 5

月　　　日（　　）

1 次の各文の（　　　）に入れるのに最も適当なものを、それぞれ下の①〜④のうちから１つずつ選びなさい。

1 The student didn't (　　　) her teacher that she would be late for school.

① talk　　　　② speak　　　　③ tell　　　　④ say　　　（広島修道大）

2 An (　　　) is an arrangement to meet someone at a particular time and place.

① appearance　　　　　② appointment
③ assessment　　　　　④ assumption　　　（愛知学院大）

3 The reason for his failure is (　　　) he relied too much on his people's good will.

① if　　　　② that　　　　③ while　　　　④ why　　　（金城学院大）

4 (　　　) the heavy rain, the baseball game started late last night.

① Owing to　　② Because　　③ Since　　④ In case of
（亜細亜大　経営）

5 (　　　) receive a grant, you must meet certain requirements.

① In spite of　② Instead of　③ In order to　④ In addition
（神田外語大）

6 The mayor named the (　　　) these bridges the Sky Bridge.

① tall bridges are　　　　② tallest of
③ tallest　　　　　　　④ tall one　　　（東京薬科大　生命科）

7 Pollution is a major problem (　　　) needs to be dealt with in the 21st century.

① why　　　　② how　　　　③ what　　　　④ which　　　（神奈川大）

8 ( ) you please close the door?
□□□ ① Are ② Do ③ Have ④ Would （金沢工業大）

9 I'm afraid it's too late to go to the concert. Even if we leave now, it
□□□ ( ) over for more than an hour by the time we get there.
① will have been ② should be
③ has been ④ will be （南山大 人文・経営）

10 Jack isn't answering my calls. He ( ) have put his cellphone on
□□□ silent mode.
① is about to ② is going to ③ must ④ will （名城大 法）

2　次の各文において、日本語があるものはそれを参考にしながら、それぞれ下の語
句を並べかえて空所を補い、最も適当な文を完成させなさい。ただし、文頭にく
るものも小文字で示してあります。

1 バルセロナを訪れた人は皆サグラダファミリアの独自性に感動する。
□□□ ( ) ( ) ( ) ( ) ( ) ( ) the uniqueness of
Sagrada Familia.
① Barcelona ② impressed ③ is ④ visits
⑤ whoever ⑥ with （日本大）

2 大統領は地元の人権擁護団体との議論に参加することになっていた。
□□□ The President ( ) ( ) ( ) ( ) ( ) ( ) ( )
local human rights groups.
① a ② in ③ to ④ was
⑤ with ⑥ discussion ⑦ participate （中京大）

3 私たちは、ケイトがその問題を解決した方法を聞いてびっくりしました。
□□□ We were ( ) ( ) ( ) ( ) ( ) ( ).
① surprised ② solved ③ hear ④ to
⑤ the way ⑥ Kate ⑦ the problem （神戸学院大）

4 私の父は必ず約束を守ります。
□□□ My ( ) ( ) ( ) ( ) ( ) ( ) ( ).
① fails ② word ③ father ④ keep
⑤ to ⑥ his ⑦ never （尾道市立大）

5 Please ( ) ( ) ( ) ( ) you don't miss the next train.
□□□ ① it   ② to   ③ that   ④ see   (跡見学園女子大)

3 次の各文において、間違っている箇所を①〜④(①〜⑤)の中からそれぞれ1つ
    ずつ選び、正しい形に変えるか削除しなさい。

1 Keiko：This manual is written ① in three languages.
□□□ Rick：Really? What are ② the three languages?
    Keiko：③ They are Japanese, English, ④ or Chinese.   (愛知学院大)

2 They ① are saying that your operating system does not support the
□□□ ② most newest version of this application. Never miss a ③ chance
    to install the ④ most recent version of the operating system ⑤ for
    free.   (追手門学院大)

3 The ① exclusive contract, ② that we have got ③ with ABC
□□□ Corporation, is very ④ favorable to us.   (関西医科大　看護)

4 Tom ① apologized the boss ② for ③ coming to work late ④ due to
□□□ the train accident.   (関西医科大　看護)

5 My refrigerator is making ① a funny noise, so I should have ② it fix
□□□ very soon ③ since I'm expecting ④ to have family staying with me.
                                                             (京都外国語大)

DAY 6

月　　日（　）

1 次の各文の（　　　）に入れるのに最も適当なものを、それぞれ下の①〜④のうち
から１つずつ選びなさい。

1
☐☐☐ I decided to study abroad in junior high school (　　　) I was not so confident in my English ability.
① even though ② even if
③ as if ④ as much as （名城大　経営）

2
☐☐☐ Oh, you aren't feeling well? Then you (　　　) go to the party tonight.
① don't have better ② didn't have better
③ had better not ④ had not better （北星学園大）

3
☐☐☐ You are (　　　) to eat or drink in this room.
① impossible ② not allowed
③ not forgiven ④ prohibited （白百合女子大）

4
☐☐☐ Mr. Matsutani has just finished writing a new detective story. He is looking forward to it being (　　　).
① invented ② achieved ③ expressed ④ published
（北海道医療大　薬）

5
☐☐☐ These old clothes are (　　　) no use to me anymore.
① in ② to ③ of ④ with （神奈川大）

6
☐☐☐ The (　　　) of living in San Francisco keeps going up every year.
① cost ② charge ③ fare ④ fee （岐阜聖徳学園大）

7
☐☐☐ Peter (　　　) working for long when there was a knock at the door.
① hasn't been ② hadn't been
③ won't have been ④ have been （南山大　人文・経営／改）

8 Do you know a good place (　　) has a nice view of the Swiss Alps?

① in which　　② that　　③ where　　④ whose

（芝浦工業大　文）

9 He decided (　　) his wife the shocking news.

① not telling　　② no telling　　③ not to tell　　④ not tell

（広島修道大）

10 (　　) hard I may work like an ant every day, I cannot find myself living in comfort.

① However　　② Whatever　　③ Wherever　　④ Whoever

（名城大　法）

2 次の各文において、日本語があるものはそれを参考にしながら、それぞれ下の語句を並べかえて空所を補い、最も適当な文を完成させなさい。ただし、文頭にくるものも小文字で示してあります。

1 技術者は自然を知ろうとするよりは、むしろ利用しようとする。

An engineer seeks not so (　　) (　　) (　　) (　　) (　　) (　　).

① to know　　② much　　③ as　　④ it
⑤ nature　　⑥ to use

（中京大）

2 人口の増加が深刻な住宅不足を引き起こした。

The increase (　　) (　　) (　　) (　　) (　　) (　　) (　　) of houses.

① a　　② critical　　③ gave　　④ in
⑤ population　　⑥ rise　　⑦ shortage　　⑧ to

（京都女子大）

3 My grandmother (　　) (　　) (　　) (　　) (　　) her favorite TV show.

① watching　　② on　　③ lay　　④ sofa
⑤ the

（清泉女子大　文）

4 経験がないことを考慮に入れると、ベスはよくやったね。

☐☐☐ ( ) ( ) ( ) ( ) ( ), Beth has done well.

① is ② that
③ inexperienced ④ given
⑤ she

(関西医科大 看護)

5 海外へ移住する裕福な人々が増えています。

☐☐☐ There are ( ) ( ) ( ) ( ) ( ) to foreign countries.

① emigrating ② number
③ wealthy people ④ of
⑤ an increasing

(佛教大 仏教)

3 次の各文において、間違っている箇所を①～④ (①～⑤) の中からそれぞれ1つずつ選び、正しい形に変えるか削除しなさい。

1 In Kyoto, ① there are ② a number of famous temples and shrines

☐☐☐ ③ which are worth ④ to visit.

(和光大)

2 Helium ① is a colorless, ② tasteless element often ③ uses to ④ blow

☐☐☐ up balloons.

(大阪薬科大)

3 ① Climbs mountains ② can be ③ very dangerous, but ④ it is also

☐☐☐ very ⑤ exciting.

(立正大)

4 If I were given ① a month off, I ② would buy a train pass and travel

☐☐☐ ③ around somewhere ④ in overseas.

(京都外国語大)

5 We'll never know what happened unless we can ① go to the place,

☐☐☐ ② see it for directly, ③ talk to the people and ④ make detailed notes

on what they say.

(共立女子大)

D
A
Y

1
2
3
4
5
6
7
8
9
10
11
12
13
14
15
16
17
18
19
20

DAY 7

1 次の各文の（　　　）に入れるのに最も適当なものを、それぞれ下の①〜④のうちから1つずつ選びなさい。

1
□□□ The poor girl was (　　) on the sidewalk until some kind lady found her and called an ambulance.
① lain　　② laying　　③ lied　　④ lying　　（金城学院大）

2
□□□ (　　) you get to know her, I'm sure you'll love her.
① Even　　② Once　　③ That　　④ Whether
（京都女子大　文）

3
□□□ When you (　　) a difficult goal, you feel really good.
① achieve　　② gain　　③ win　　④ overcome
（南山大　外国語）

4
□□□ The population is more mobile today than ever before (　　) cheaper vehicles and cheaper air transport.
① due to　　　　　　② on behalf of
③ despite　　　　　④ but for　　（昭和女子大　人間文化）

5
□□□ It is sometimes good to talk with people (　　) opinions differ from yours.
① what　　② who　　③ whom　　④ whose
（名城大　薬）

6
□□□ Travelers found (　　) difficult to communicate without using a translation device.
① itself　　② yourselves　　③ they　　④ it　　（名城大　経営）

7
□□□ I wasn't looking forward to (　　) the keynote speech at the conference.
① be given　　② giving　　③ have given　　④ give
（東海大　文化社会）

8 ( ) his help, we couldn't have finished the job in time.
□□□ ① For ② Without ③ Unless ④ Except （桃山学院大）

9 Tom could not make himself ( ) in the noisy class.
□□□ ① hear ② to hear ③ hearing ④ heard （摂南大 理工）

10 The final report on last year's project outcomes will be out ( )
□□□ a few days.
① at ② in ③ to ④ of （東海大 社会）

2 次の各文において、日本語があるものはそれを参考にしながら、それぞれ下の語句を並べかえて空所を補い、最も適当な文を完成させなさい。ただし、文頭にくるものも小文字で示してあります。

1 The number of students who want to study abroad has been
□□□ increasing since last year ( ) ( ) ( ) ( ) ( ) our
university.
① by ② conducted ③ the annual ④ according to
⑤ survey （清泉女子大 文）

2 私があなたの提案に懐疑的であったことは、認めざるをえません。
□□□ I have to ( ) ( ) ( ) ( ) ( ) your suggestion.
① having ② admit ③ of ④ been
⑤ skeptical （桜美林大）

3 More and more young people ( ) ( ) ( ) ( ) ( )
□□□ home.
① abroad ② opportunities
③ unavailable at ④ to find out
⑤ are heading （大阪医科大 看護）

4 誰かの下で働くくらいなら、仕事を辞めてしまう方がましだ。
□□□ I would ( ) ( ) up ( ) ( ) ( ) ( ) ( )
someone.
① under ② my ③ job ④ give
⑤ work ⑥ than ⑦ rather （中京大）

5 電信の発達に促され、20世紀初頭の新聞は人々が世界中から情報を得ることを可能にした。

□□□

( ) ( ) the development of telegraphic communication, early twentieth-century newspapers ( ) people ( ) gather information from all over the world.

① by ② accelerated ③ to ④ enabled (駒澤大)

---

3 次の各文において、間違っている箇所を①〜④の中からそれぞれ1つずつ選び、正しい形に変えるか削除しなさい。

1 Ellen：What ① kind of restaurant is it?

□□□ Steve：It's an Italian restaurant ② with a nice view.

Ellen：What is good ③ there?

Steve：④ The all food. (愛知学院大)

2 The new law ① will go into ② effect ③ in January 1 ④ in 2019.

□□□ (大阪薬科大)

3 He ① said me that he ② would help me in case ③ of ④ an emergency.

□□□ (関西医科大 看護)

4 Ms. David ① relaxed in front of ② the television after a long day ③ at the office when she ④ received a call from her colleague.

□□□ (京都外国語大)

5 I haven't fed ① my dog because ② your cat ate all the pet food that ③ our roommate bought for ④ it meals this week. (共立女子大)

□□□

DAY 8

月　日（　）

1 次の各文の（　　）に入れるのに最も適当なものを、それぞれ下の①〜④のうちから1つずつ選びなさい。

1 Could you (　　) me the way to Kiyomizu-Gojo Station?
□□□ ① educate　② instruct　③ teach　④ tell　（京都女子大　文）

2 Say "no" if necessary. People might (　　) your silence as
□□□ agreement.
① persuade　② transport　③ postpone　④ interpret
（佛教大　仏教）

3 You might (　　) spend your time in other ways.
□□□ ① as well　② so well　③ as much　④ so much　（松山大）

4 I'm truly grateful to everyone who has encouraged and helped me
□□□ to write this book, (　　) my parents, friends, and teachers.
① discussing　② including　③ devising　④ consisting
（中村学園大　栄養）

5 (　　) attends the fair is asked to wear a colored wristband
□□□ according to their ticket type.
① Everyone　② Several　③ Whoever　④ They
（酪農学園大　獣医）

6 Let's take a walk for a while, (　　)?
□□□ ① will you　② shall we　③ do you　④ don't you
（大阪医科大）

7 June and July are the rainy season in Japan. There are many days
□□□ with very (　　) rain.
① heavy　② thick　③ many　④ fast　（崇城大／改）

8 The workers in the factory are paid by (　　) week.
□□□ ① a　② each　③ every　④ the　（福岡工業大）

9 The baseball game will be held this Saturday as (　　) as the weather is good.

① long　　　② far　　　③ well　　　④ much

（亜細亜大　経済）

10 To make the (　　) of the warm weather, we went to the beach.

① better　　② good　　③ many　　④ most　　（金沢工業大）

---

2 次の各文において、日本語があるものはそれを参考にしながら、それぞれ下の語句を並べかえて空所を補い、最も適当な文を完成させなさい。

1 贈り物を買いたくなるかもしれないから、お金を余分に持って行った方が良い。

You'd (　　) (　　) some (　　) (　　) (　　) you (　　)
(　　) you want to buy some presents.

① in　　　② with　　　③ case　　　④ take
⑤ extra　　⑥ money　　⑦ better　　（中京大）

2 I am applying (　　) (　　) (　　) (　　) (　　) computer technology.

① in　　　② position　　③ for　　　④ specializing
⑤ a　　　（清泉女子大　文）

3 私の計画にご賛同いただければ幸いです。

I (　　) (　　) (　　) (　　) (　　) (　　) (　　) (　　) my plan.

① agree　　　② appreciate　③ could　　　④ if
⑤ it　　　　⑥ to　　　　⑦ would　　　⑧ you　　（京都女子大　文）

4 そこに長く暮らしているうちに彼らは暑い気候に慣れていった。

They (　　) (　　) (　　) (　　) (　　) (　　) (　　) there a long time.

① accustomed　　　② weather　　　③ living
④ became　　　　　⑤ after　　　　⑥ to
⑦ hot　　　　　　　（東洋大）

5 昨夜は、気がついたら電気をつけたままで私は寝ていた。

□□□ Last ( ) ( ) ( ) ( ) ( ) ( ) ( ) ( )
( ) ( ).

① asleep　② falling　③ found　④ I
⑤ light　⑥ myself　⑦ night　⑧ on
⑨ the　⑩ with

（実践女子大　文）

③ 次の各文において、間違っている箇所を①〜④の中からそれぞれ１つずつ選び、
正しい形に変えるか削除しなさい。

1 Janet : I'm studying kanji now.

□□□ Takashi : Oh, ① are you?

Janet : Yes, and I have something ② to ask you.

Takashi : OK.

Janet : Could you tell me ③ what you read this kanji?

Takashi : It's "sakura," ④ meaning cherry blossom or cherry tree.

（愛知学院大）

2 There are ① many different ② kind of ③ trees around the world.

□□□ Some ④ are very common in many different countries.　（大阪薬科大）

3 The new jeans Davey ① bought were ② a little too long, so he had

□□□ ③ it shortened ④ at the store.　（京都外国語大）

4 Why don't we go ① to shopping at the ② shopping mall for some

□□□ new clothing? I just love ③ to shop, and I know you enjoy

④ shopping.　（共立女子大）

5 ① After the first session, ② our group ③ will going to have ④ a

□□□ 20-minute break.　（杏林大　外国語）

DAY 9

月　　日（　）

1 次の各文の（　　　）に入れるのに最も適当なものを、それぞれ下の①〜④のうちから１つずつ選びなさい。

1 If you don't like this sweater, it will only take a minute to (　　　) another one.
① change ② get on ③ put on ④ wear （甲南大　文）

2 Living by yourself can help you to (　　　) knowledge about the world.
① lose ② gain ③ score ④ attract
（摂南大　理工）

3 Ken was the (　　　) person that I expected to see in Tokyo.
① fight ② last ③ little ④ rare （関東学院大／改）

4 Neither the car driver (　　　) the pedestrian admitted responsibility for the accident.
① or ② nor ③ and ④ not （松山大）

5 If you are bored, please help (　　　) to any books on the shelf.
① you ② your ③ yours ④ yourself
（神田外語大）

6 The ticket was expensive. In fact, it cost me (　　　) 200 dollars.
① as much as ② no more than
③ as many as ④ larger than （創価大　経）

7 The company gave him a pay raise (　　　) have him quit a month later.
① only to ② and ③ so as ④ and only
（福岡大　人文）

8 The computer company is about ( ) focusing on mobile
games in order to gain popularity among the younger generation.
① begin ② beginning ③ to begin ④ to beginning

（名城大　経営）

9 Tom ( ) golf in the past, but he no longer does so.
① is used to play ② is used to playing
③ used to play ④ used to playing （愛知学院大）

10 If the sun ( ) rise in the west, I would never change my position
on this matter.
① been to ② made to ③ used to ④ were to

（京都女子大　文）

2 次の各文において、日本語があるものはそれを参考にしながら、それぞれ下の語句を並べかえて空所を補い、最も適当な文を完成させなさい。ただし、文頭にくるものも小文字で示してあります。

1 山頂に着かないうちに彼らは疲れ果てていた。
By the ( ) ( ) ( ) ( ) ( ), they were exhausted.
① reached ② summit ③ the ④ they
⑤ time （桜美林大）

2 Passengers heading ( ) ( ) ( ) ( ) ( ) to
change trains at Shinagawa Station.
① required ② the ③ airport ④ for
⑤ are （清泉女子大　文）

3 It is so ( ) ( ) ( ) ( ) ( ) ( ) ( ).
① a present ② nice ③ you ④ me
⑤ give ⑥ of ⑦ to （東邦大）

4 英語がスラスラ話せさえしたらなあ。
( ) ( ) ( ) ( ) ( ) ( ) speaker of English!
① were ② only ③ I ④ if
⑤ a ⑥ fluent （愛知工業大）

5 彼の外見は5年前とは異なる。

☐☐☐ His appearance is (　　) (　　) (　　) (　　) (　　) five years ago.

① it　　　　② what　　　　③ from　　　　④ different

⑤ was
（亜細亜大　経営）

---

3 次の各文において、間違っている箇所を①～④の中からそれぞれ1つずつ選び、正しい形に変えるか削除しなさい。

1 I ① have visited ② Niagara Falls last weekend ③ for the first time

☐☐☐ ④ in ten years.
（大阪薬科大）

2 It ① may be one of the main political and economic ② issue of

☐☐☐ globalization ③ to regulate multinational companies ④ more

strictly.
（京都外国語大）

3 We ① need to leave soon because we ② have to arrive on time. So,

☐☐☐ you ③ should to get ready to go. You ④ must get yourself out the

door. Quickly!
（共立女子大）

4 He wrote his letter ① in so ② a careless manner ③ that she refused

☐☐☐ ④ to read it.
（和光大）

5 A happy life must be ① to a great extent a quiet life, ② for it is only

☐☐☐ in a quiet atmosphere ③ what ④ true joy can live.
（国学院大　文）

DAY 10

月　　　日（　）

1 次の各文の（　　　）に入れるのに最も適当なものを、それぞれ下の①〜④のうち
から１つずつ選びなさい。

1 When George changed his hairstyle, most of his classmates didn't
（　　　）him at first.
① recognize　　② remind　　　③ compare　　④ impress　　（獨協大）

2 Children should eat (　　　) they are served by their parents.
① nonetheless　　　　　② which
③ the way　　　　　　④ whatever　　（駒澤大）

3 Why is it that one of your two daughters is into sports but not
(　　　)?
① the others　　② another　　③ the other　　④ other
（東海大　文化社会）

4 Most of my friends wait (　　　) the last minute to prepare for an
exam.
① on　　　　② but　　　　③ until　　　　④ by　（中京大　国際／改）

5 Children will be delighted to see the big balloon (　　　) up into the
sky.
① raise　　② raises　　③ rise　　④ rises
（武庫川女子大　文）

6 Most companies will expect (　　　) business clothes to a job
interview.
① you being worn　　　　② you to wear
③ which you wear　　　　④ that you wearing
（昭和女子大　人間文化）

7 When I went back to my hometown, I felt that it (　　　) the same for the last thirty years.
① was remaining　　　② remained
③ was remained　　　④ had remained　　　(南山大　法)

8 Mother (　　　) often read a book to my sister when she was a child.
① can　　② would　　③ might　　④ should　　(松山大)

9 Eight buildings by U.S. architect Frank Lloyd Wright (　　　) as UNESCO World Heritage sites in 2019.
① was selected　　　② was selecting
③ have selected　　　④ were selected　　(札幌大)

10 He insisted (　　　) paying for the damage by himself.
① with　　② on　　③ to　　④ between
(亜細亜大　経営)

---

2 次の各文において、日本語があるものはそれを参考にしながら、それぞれ下の語句を並べかえて空所を補い、最も適当な文を完成させなさい。ただし、文頭にくるものも小文字で示してあります。

1 Ben：Would you like a cup of coffee?
Ann：No, thanks. I'll just have water. I (　　) (　　) (　　) (　　) (　　) (　　) (　　), but I'm trying to drink less.
① a day　　② coffee　　③ cups of　　④ drink
⑤ several　　⑥ to　　⑦ used　　(愛知学院大　文)

2 奇妙なのはドアが開いていたということだ。
What (　　) (　　) was (　　) (　　) was (　　) (　　).
① the door　　② left　　③ was　　④ strange
⑤ open　　⑥ that　　(愛知工業大)

3 ここで彼女に会うとは夢にも思わなかった。
Little (　　) (　　) (　　) (　　) (　　) her here.
① of　　② did　　③ seeing　　④ dream
⑤ I　　(亜細亜大　経営)

4 到着してすぐにジュンは病気になった。

□□□ ( ) ( ) ( ) ( ) ( ) here than he became sick.

① arrived ② had ③ Jun ④ no

⑤ sooner

（追手門学院大）

5 先生は、その難問をなんとか解くことができた生徒には誰であれAを与えま

□□□ すと言った。

The teacher said she would ( ) ( ) ( ) ( ) ( ) to solve the difficult problem.

① to ② an A ③ managed ④ give

⑤ whoever

（桜美林大）

3 次の各文において、間違っている箇所を①～④の中からそれぞれ1つずつ選び、
正しい形に変えるか削除しなさい。

1 ① Unless you improve yourself, ② chances are you'll be ③ stuck
□□□ with the same company even if you are ④ boring with your job.

（京都外国語大）

2 Hi. You don't know me, ① but I'm your new neighbor, ② and I'd like
□□□ to introduce myself. ③ But if you're too busy right now, I can come
back later today ④ so tomorrow morning.

（共立女子大）

3 ① Please ② take a look at Page 19, ③ which shows ④ how operate
□□□ the remote controller.

（杏林大 外国語）

4 He is ① said to ② be a ③ very well-known baseball player ④ when he
□□□ was young.

（和光大）

5 You ① have a temperature and ② look so pale. You ③ should go to
□□□ the doctor ④ as immediate as possible.

（国士舘大）

DAY

1
2
3
4
5
6
7
8
9
10
11
12
13
14
15
16
17
18
19
20

DAY 11

月　　日（　）

1 次の各文の（　　）に入れるのに最も適当なものを、それぞれ下の①～④のうちから1つずつ選びなさい。

1 Christmas is coming next week. I doubt (　　) we'll finish decorating the room in time for it.
① how　　② if　　③ when　　④ why　　（愛知学院大）

2 I will (　　) you about the outcome of my meetings after I return.
① talk　　② say　　③ speak　　④ tell　　（愛知学院大／改）

3 What we don't know is the extent to (　　) our body structure affects daily performance.
① that　　② what　　③ where　　④ which
（日本女子大　家政）

4 I heard my name (　　) when I was walking on the street.
① call　　② calling　　③ called　　④ to call　　（松本歯科大）

5 Howard is (　　) teacher that all the students like him.
① a such good　　　　② such a good
③ such good a　　　　④ a so good　　（北海道医療大　薬）

6 Well, I've waited long enough... I guess I can't (　　) doing my homework any longer.
① go over　　② look into　　③ put off　　④ think over
（慶応大　看護医療）

7 It's (　　) to know Mr. Cunningham is getting married.
① surprised　　　　② to surprise
③ my surprise　　　④ surprising　　（法政大　経済）

8 When something (　　), it grows or changes over a period of time
☐☐☐ and usually becomes more advanced, complete, or severe.
　① develops　　② defines　　③ deduces　　④ determines

9 People tend to believe that (　　) always happier than others.
☐☐☐ ① a rich are　　　　　　② the rich are
　　③ a rich have　　　　　④ the rich is　　　（福岡大　人文）

10 Ken (　　) to Barbie for more than thirty years.
☐☐☐ ① married　　　　　　② is married
　　③ has married　　　　④ has been married　（南山大　人文）

2 次の各文において、日本語を参考にしながら、それぞれ下の語句を並べかえて空
所を補い、最も適当な文を完成させなさい。ただし、文頭にくるものも小文字で
示してあります。

1 若いころに受けた印象ほど鮮やかに心に残るものはない。
☐☐☐ (　　)(　　)(　　)(　　) in our mind (　　)(　　) we
received in our younger days.
　① so　　　　　　　② is left　　　　　③ nothing
　④ as　　　　　　　⑤ the impressions　⑥ vividly　（愛知工業大）

2 彼らは私が言いたいことを理解していないように見える。
☐☐☐ (　　)(　　)(　　)(　　)(　　) mean.
　① seems　　　　　　　② don't understand
　③ it　　　　　　　　　④ that they
　⑤ what I　　　　　　　（亜細亜大　経営）

3 重要なのは、信頼できる友人がいるかどうかという点だ。
☐☐☐ What (　　)(　　)(　　)(　　)(　　) friends you can trust.
　① you　　② is　　③ have　　④ matters
　⑤ whether　　　　　　（桜美林大）

4 この町の人口は10年前と比べてほぼ2倍に増えた。

□□□ ( ) ( ) ( ) ( ) almost doubled ( ) ( ).

① this town ② the population

③ ten years ago ④ has

⑤ compared to ⑥ of （大阪学院大）

5 一週間もたってはじめてその悲しい知らせを聞いた。

□□□ It was only after ( ) ( ) ( ) ( ) ( ) the sad news.

① a ② heard ③ I ④ that

⑤ week （金沢工業大）

---

3 次の各文において、間違っている箇所を①〜④（①〜⑤）の中からそれぞれ1つ
ずつ選び、正しい形に変えるか削除しなさい。

1 Pablo speaks English perfectly now, ① even he ② grew up in a

□□□ ③ Spanish-speaking country and didn't study the language before

he ④ came to the United States. （京都外国語大）

2 ① There ② is a note ③ for the dining table ④ for Mr. Smith ⑤ from

□□□ Mr. Jones. （立正大）

3 I ① major for tourism. I ② want to be ③ a flight attendant ④ after

□□□ graduation. （杏林大　外国語）

4 The weak ① has one weapon: the errors ② of ③ those who ④ think

□□□ they are strong. （国学院大　文）

5 The king did not like the third princess who ① was said to be ② the

□□□ most competent ③ between the three ④ in the kingdom.

 （国士舘大）

1 次の各文の（　　）に入れるのに最も適当なものを、それぞれ下の①〜④のうちから1つずつ選びなさい。

1 (　　) that we have to leave immediately.
　① It has been informed us　② They have informed to us
　③ They have informed us　④ We have been informed to
（福岡大　人文）

2 (　　) impressed me most at the show was the performance by small children.
　① Something　② That　③ The thing　④ What
（清泉女子大　文）

3 She is not in a good mood (　　) from her attitude.
　① judged　　　　　② had judged
　③ being a judge　　④ judging
（駒澤大　文）

4 She is so quiet that she doesn't speak (　　) she is spoken to.
　① unless　② without　③ rather　④ instead
（東京経済大　経）

5 I have a headache; I'd (　　) go to this party.
　① rather　　　　　② rather not
　③ rather not to　　④ rather to not
（慶応大　看護医療）

6 "What time are they coming to fix the roof?" "We don't know (　　)."
　① sure　② yet　③ already　④ still
（東京薬科大　生命科）

7 Mary seems to (　　) a bad cold when she visited the place.
　① have been caught　② be caught
　③ caught　④ have caught
（関東学院大）

8 You should ( ) giving your child an e-reader. Studies have shown that children absorb stories better when they read them in print.

① avoid　　② encourage　③ prevent　　④ recommend

（玉川大　教育）

9 No one in this class can read books so fast ( ) he.

① as　　　② does　　③ like　　④ than　　（金城学院大）

10 Most convenience stores in Japan remain open all ( ) the night.

① by　　　② for　　　③ through　　④ within

（実践女子大　文）

---

2 次の各文において、日本語を参考にしながら、それぞれ下の語句を並べかえて空所を補い、最も適当な文を完成させなさい。ただし、文頭にくるものも小文字で示してあります。

1 彼女がどんなに一生懸命説得しても、私はギャンブルをやめようとしなかった。

( ) ( ) ( ) seriously she tried to persuade me, I would ( ) ( ) ( ).

① gambling　② not　　　③ matter　　④ stop
⑤ how　　　⑥ no　　　　　　　　　　　（専修大）

2 あなたはこの本を置いていったのは誰だと思いますか？

( ) ( ) ( ) ( ) ( ) this book?

① do　　　② think　　③ left　　　④ you
⑤ who　　　　　　　　　　　　　　　（亜細亜大　経営）

3 食べれば食べるほど、心臓病になりやすい。

The more you eat, ( ) ( ) you are ( ) ( ) heart disease.

① have　　　② more likely　③ the　　　　④ to　　（大正大）

4 ここに居たいだけ居てくださって結構です。

□□□ You ( ) ( ) ( ) ( ) you ( ).

① want to ② are ③ stay here ④ to

⑤ welcome ⑥ as long as （大阪学院大）

5 クリスは細かい点まで覚える驚くべき能力がある。

□□□ Chris ( ) ( ) ( ) ( ) ( ) details.

① ability ② an

③ astonishing ④ has

⑤ to memorize （金沢工業大）

[3] 次の各文において、間違っている箇所を①〜④の中からそれぞれ１つずつ選び、正しい形に変えるか削除しなさい。

1 ① None of the guests ② could understand ③ why Mr. Smith ④ gets

□□□ angry that night and left the party. （京都外国語大）

2 You've ① been to Brisbane, ② haven't you? It's an ③ interested city,

□□□ ④ isn't it? （共立女子大）

3 As ① you all know, the number of ② foreign visitors to Japan ③ have

□□□ dramatically increased ④ over the past five years. （杏林大 外国語）

4 It is ① never ② too late to become ③ what you might have ④ being.

□□□ （国学院大 文）

5 As our flight ① is delayed ② because the shortage of baggage

□□□ handlers, we ③ won't be able to arrive ④ in time for the meeting.

（国士舘大）

1 次の各文の（　　　）に入れるのに最も適当なものを、それぞれ下の①～④のうち
から１つずつ選びなさい。

1
□□□ I wish I could fly to a tropical island (　　　) I can breathe easily and
enjoy a relaxed atmosphere.
① which　　　　　　　　② where
③ according to　　　　　④ thanks to　　　　　　　　　（札幌大）

2
□□□ He was very tired yesterday. After he went back home, he sat on
the sofa and slept with his (　　　).
① fold arms　　　　　　② arms folding
③ folding arms　　　　　④ arms folded
（二松學舍大　国際政治経済）

3
□□□ I couldn't (　　　) a new school uniform. Therefore I made do with
a used one.
① afford　　② conserve　　③ dispose　　④ recycle
（玉川大　教育）

4
□□□ All employees are (　　　) to attend customer service training next
week.
① investigated　　　　　② required
③ supplied　　　　　　　④ suspended　　　　　　（愛知学院大）

5
□□□ The Internet is playing (　　　) significant a role in our life that we
cannot imagine a future without it.
① much　　② so　　③ such　　④ very　　（京都女子大　文）

6
□□□ Tomoko asked her brother (　　　) he wanted to go to dinner with
her or not.
① when　　② whether　　③ which　　④ why　　（南山大　人文）

7 He has made his dream ( ) becoming a musician come true.
① for　　　② in　　　③ of　　　④ with

（フェリス女学院大　国際交流）

8 Sign into Student Services Online. You can register classes ( ) keep track of your attendance.
① as far as　　　　② as little as
③ as much as　　　④ as well as

（玉川大　教育）

9 Takeshi works for an advertising agency. He is ( ) on a new ad campaign now.
① brushing　② relying　③ trying　④ working

（創価大　経）

10 There is no ( ) what will happen in the future.
① knowing　② using　③ knowledge　④ use

（松山大）

2 次の各文において、日本語を参考にしながら、それぞれ下の語句を並べかえて空所を補い、最も適当な文を完成させなさい。ただし、文頭にくるものも小文字で示してあります。

1 明日の夕方、お訪ねしてよろしいかしら。
I wonder ( ) ( ) ( ) ( ) ( ) ( ) tomorrow evening.
① to visit　② it　③ you　④ would be
⑤ all right　⑥ if

（愛知工業大）

2 彼女はなけなしのお金を全部その老人にあげた。
She gave ( ) ( ) ( ) ( ) ( ) to the old man.
① little　② had　③ she　④ what
⑤ money

（亜細亜大　経営）

3 私は遠くから自分の名前が呼ばれるのを聞きました。
( ) ( ) ( ) ( ) ( ) ( ) ( ) distance.
① I　② from　③ called　④ a
⑤ heard　⑥ name　⑦ my

（東洋大）

D
A
Y

1
2
3
4
5
6
7
8
9
10
11
12
13
14
15
16
17
18
19
20

4 その先生はトムにメアリーが教室にいたかどうか尋ねた。

□□□ ( ) ( ) ( ) ( ) ( ) in the classroom.

① asked   ② Tom   ③ if   ④ Mary

⑤ the teacher   ⑥ was

（大阪学院大）

5 バンドがステージに上がるのを見て、観客は歓声をあげた。

□□□ ( ) ( ) ( ) ( ) the stage, the audience began to cheer.

① band   ② onto   ③ seeing   ④ the

⑤ walk

（金沢工業大）

---

3 次の各文において、間違っている箇所を①〜④（①〜⑤）の中からそれぞれ1つずつ選び、正しい形に変えるか削除しなさい。

1 Now I'm ① looking for my purse. I ② must drop it somewhere

□□□ around here. Please ③ inform me if you ④ find it.   （京都外国語大）

2 Did you ① hear that Stella and Denis ② having a terrible argument,

□□□ and now they ③ aren't ④ speaking to each other?   （共立女子大）

3 Taro and I ① am planning to ② go to the United States ③ together

□□□ ④ this summer.   （杏林大　外国語）

4 The forecast ① says it ② will rain, so you ③ had call the hotel ④ to

□□□ cancel ⑤ our reservations.   （立正大）

5 He asked Mary ① how ② has she been when they met ③ for the first

□□□ time ④ in three years.   （国士舘大）

DAY 14

月　　日（　）

1 次の各文の（　　）に入れるのに最も適当なものを、それぞれ下の①〜④のうちから1つずつ選びなさい。

1 □□□ Jenny tried to climb up the cliff, (　　) she found quite difficult.
① where　　② when　　③ which　　④ on which

（清泉女子大　文）

2 □□□ After playing the same game again and again, Greg got (　　) it.
① bored with　② aware of　③ tired for　④ through up

（獨協大　外国語）

3 □□□ Glay's performances (　　) large audiences wherever they play.
① catch　　② appeal　　③ invite　　④ attract

（南山大　外国語）

4 □□□ The more famous she became, (　　) they saw each other.
① the most　　② more　　③ the less　　④ least　　（神奈川大　法）

5 □□□ The new book turned out to be quite (　　).
① movable　　② move　　③ moved　　④ moving

（日本女子大　家政）

6 □□□ After long consideration, he (　　) up with the ideal solution for both sides.
① caught　　② came　　③ hit　　④ found　　（広島修道大）

7 □□□ (　　) Billy, there were three other people on the bus.
① As well　　② In addition　③ Also　　④ Besides

（南山大　外国語）

8 □□□ Call me (　　) you have any questions.
① should　　② would　　③ while　　④ whether

（藤田保健衛生大）

9 ( ) once lived a great queen.
□□□ ① This　　　② That　　　③ They　　　④ There

（大阪経済大　経）

10 The announcement said we should not eat the meat. You should
□□□ have ( ) attention to it.
① more　　　② looked　　　③ paid　　　④ been for

（亜細亜大　経営）

---

2 次の各文において、日本語があるものはそれを参考にしながら、それぞれ下の語
句を並べかえて空所を補い、最も適当な文を完成させなさい。

1 学習には素晴らしい頭脳のみならず忍耐も必要である。
□□□ Learning ( ) ( ) ( ) ( ) ( ) ( ) endurance.
① excellent　② not　　　　③ brains　　④ but also
⑤ only　　　⑥ requires

（帝京大）

2 The traditional American breakfast isn't as ( ) ( ) ( )
□□□ ( ) ( ) be.
① it　　　　② as　　　　③ to　　　　④ popular
⑤ used

（椙山女学園大）

3 トムが帽子をかぶったまま部屋に入るのを見た。
□□□ I saw ( ) ( ) ( ) ( ) ( ) ( ) on.
① the room　② Tom　　　③ hat　　　④ with
⑤ his　　　⑥ enter

（大阪学院大）

4 5月の終わりまでには私はそのレポートを全部書いてしまうでしょう。
□□□ By the ( ) ( ) ( ) ( ) ( ) ( ) ( )
the reports.
① all　　　　② end　　　③ have　　　④ I
⑤ May　　　⑥ of　　　　⑦ will　　　⑧ written

（京都女子大）

5 そのエアコンは私が思っていた約3倍の価格だったので、買わないことにした。

□□□

The air conditioner (　　) (　　) three times (　　) as I (　　), so I decided not to buy it.

① around　　② as much　　③ cost　　④ expected　　（駒澤大）

---

3 次の各文において、間違っている箇所を①〜④（①〜⑤）の中からそれぞれ1つずつ選び、正しい形に変えるか削除しなさい。

1 ① My company is very busy since last year. I haven't had ② any

□□□　holidays for ③ two months. I am ④ exhausted now. （京都外国語大）

2 Socrates says: my ① advise to you is ② get ③ married; if you find a

□□□　good wife, you'll be happy; ④ if not, you'll become a philosopher.

（国学院大　文）

3 ① The TV program ② made us to imagine ③ what our lives would be

□□□　like ④ without smartphones. （杏林大　外国語）

4 Those ① who plan ② for take ③ this class must ④ write ⑤ their

□□□　names here. （立正大）

5 ① Whether on the street and field, children find a way to play.

□□□　Organizing play ② is not a simple matter, however, ③ especially if new-comers to ④ the play are present. （国士舘大）

DAY 15

月　　日（　）

1 次の各文の（　　）に入れるのに最も適当なものを、それぞれ下の①〜④のうち
から１つずつ選びなさい。

1
□□□
When I was in trouble, a stranger kindly gave me (　　) money he had with him then.
① how many　② of whose　③ to which　④ what little

（名城大　法）

2
□□□
Please remind me (　　) the restaurant to make a reservation for tomorrow.
① call　　② calling　　③ to call　　④ to calling

（金沢工業大）

3
□□□
I missed my English lesson. The next time I attend, I will feel like I have been left (　　) by the rest of the class.
① ahead　② behind　③ alone　④ much　（神戸学院大）

4
□□□
To be regularly (　　) to strong sunlight may cause skin cancer.
① exposed　② imposed　③ opposed　④ reposed

（清泉女子大　文）

5
□□□
"Did you break the vase?" "Sorry, but I didn't do it (　　)."
① by nature　　　　② in trouble
③ on purpose　　　④ on occasion　　（畿央大）

6
□□□
Craig goes jogging in the neighborhood every day (　　) on rainy days.
① among　② except　③ beyond　④ above

（獨協大　外国語）

7
□□□
If I (　　) a more reliable car, I would drive to Hokkaido rather than fly.
① would have had　　② had
③ would have　　　　④ am having　　（福岡大　人文）

8 The government has set a target of (　　) 40 million annual foreign visitors.
① attract　　② attracted　　③ attraction　　④ attracting　　（札幌大）

9 I was (　　) an old man in the park yesterday.
① spoken　　② spoken to　　③ spoken by　　④ spoken to by
（桃山学院大）

10 What do you say to (　　) for a cup of hot coffee?
① go　　② going　　③ have gone　　④ having gone
（関東学院大）

2 次の各文において、日本語があるものはそれを参考にしながら、それぞれ下の語句を並べかえて空所を補い、最も適当な文を完成させなさい。ただし、文頭にくるものも小文字で示してあります。

1 急いで印刷されたので、この書類には誤植が多い。
(　　) (　　) (　　) (　　) (　　), (　　) paper has many misprints.
① been　　② haste　　③ in　　④ this
⑤ printed　　⑥ having　　（愛知工業大）

2 この手法で状況が改善されるかどうかは、いまだ不明だ。
It (　　) (　　) (　　) (　　) (　　) this approach will improve the situation.
① to　　② seen　　③ remains　　④ whether
⑤ be　　（桜美林大）

3 あなたの助力がなければ私は試験に受からなかったでしょう。
(　　) (　　) (　　), (　　) (　　) (　　) the exam.
① I　　② your　　③ have passed
④ help　　⑤ would not　　⑥ without　　（大阪学院大）

4 祖母は、私が知らない、また聞いたこともない国の話をしていた。

□□□ My grandmother was talking (　　) (　　) (　　) (　　) (　　)
(　　) had heard of.

① a country　　　② about　　　③ I
④ knew　　　　　⑤ neither　　　⑥ nor　　　（金沢工業大／改）

5 The (　　) (　　) (　　) (　　) (　　) (　　) river in the United
□□□ States.

① longer　　　② other　　　③ is
④ any　　　　　⑤ Mississippi　　⑥ than　　　（福島大）

---

3 次の各文において、間違っている箇所を①〜④の中からそれぞれ１つずつ選び、
正しい形に変えるか削除しなさい。

1 Generally ① speaking, American ② movies are ③ more interesting
□□□ than Japanese ④ one.　　　　　　　　　　　（京都外国語大）

2 It makes no ① different ② to us ③ whether you can speak Japanese
□□□ ④ or not.　　　　　　　　　　　　　　　　　（和光大）

3 ① This camping facility, which is ② very popular around here, is
□□□ ③ often using by ④ university students.　　　（杏林大　外国語）

4 She is ① so a good and well-known piano player ② that all her
□□□ friends ③ want to listen to her ④ play the piano.　（国学院大　文）

5 The pet dog sees its human owners ① as adopted parents, ② as do
□□□ the cat. The reason ③ is that these humans took over from the real
mother ④ and provided the necessary food and comfort.　（国士舘大）

DAY 16

月　　日（　）

1 次の各文の（　　　）に入れるのに最も適当なものを、それぞれ下の①〜④のうちから1つずつ選びなさい。

1 □□□ The exhibit will feature traditional dresses (　　　) in a range of countries and cultures.
　　① wear　　　② wearing　　　③ worn　　　④ wore
（東海大　社会）

2 □□□ Yesterday my father (　　　) that he was going to play golf with a friend this Sunday.
　　① said　　　② spoke　　　③ talked　　　④ told　　（愛知学院大　文）

3 □□□ The mayor wants to preserve the town's (　　　) character while improving tourism.
　　① frequent　　② immediate　　③ unique　　④ rapid
（中村学園大　栄養）

4 □□□ The Tone is the (　　　) river in Japan.
　　① second　　　　　　　② second long
　　③ second longest　　　④ longest second　　（畿央大）

5 □□□ The flight was delayed (　　　) 30 minutes.
　　① by　　　② of　　　③ on　　　④ up　　（金沢工業大）

6 □□□ The principal announced there would be a special award for (　　　) contributing much to this project.
　　① they　　② those　　③ who　　④ whom
（フェリス女学院大　国際交流）

7 □□□ You (　　　) seen my sister in Yokohama yesterday. She is still in New York.
　　① must be　　　　　② cannot be
　　③ cannot have　　　④ must have　　（松本歯科大／改）

DAY
1
2
3
4
5
6
7
8
9
10
11
12
13
14
15
16
17
18
19
20

8 ( ) the after-Christmas sales have begun, shoppers can take advantage of additional discounts.
① Because ② Despite ③ Due to ④ During (名城大　法)

9 Jenny phoned the airline to make sure that her reservation ( ).
① was confirmed ② confirms
③ confirming ④ confirmed (南山大　外国語)

10 Traditionally, *osechi ryori* was prepared by New Year's Eve so that no one had to ( ) during the first three days of the New Year.
① cooking the food ② cooked all kinds of food
③ spend time cooking ④ spare no time for cooking
(昭和女子大　人間文化)

2 次の各文において、日本語を参考にしながら、それぞれ下の語句を並べかえて空所を補い、最も適当な文を完成させなさい。ただし、文頭にくるものも小文字で示してあります。

1 その写真を送っていただくようお願いします。
I would ( ) ( ) ( ) ( ) ( ) ( ).
① me ② you ③ like ④ to ask
⑤ to send ⑥ the photos (札幌大)

2 近年、環境評価のあり方がより詳細に検討されている。
These days a ( ) ( ) ( ) ( ) ( ) at how to assess the environment.
① is ② taken ③ being ④ look
⑤ closer (桜美林大)

3 学生たちには英語の実用的な運用能力が期待されます。
( ) ( ) ( ) to ( ) ( ) ( ).
① expected ② have
③ are ④ in English
⑤ practical skills ⑥ the students (大阪学院大)

4 多くの人が彼女を見送るために空港に来た。

□□□ A ( ) ( ) ( ) ( ) ( ) ( ) ( ) off.

① come　② have　③ her　④ large

⑤ number　⑥ of people　⑦ to see　⑧ to the airport

5 この手紙を英語に訳すのを手伝って下さいますか。

□□□ Would you ( ) ( ) ( ) ( ) ( ) ( ) ( )
( ) ?

① English　② helping　③ into　④ letter

⑤ me　⑥ mind　⑦ this　⑧ translate

（京都女子大）

D
A
Y

1
2
3
4
5
6
7
8
9
10
11
12
13
14
15
16
17
18
19
20

3 次の各文において、間違っている箇所を①〜④の中からそれぞれ1つずつ選び、正しい形に変えるか削除しなさい。

1 I suggested ① Jiro to go to study ② abroad to ③ further improve his

□□□ English ④ ability.　　　　（京都外国語大）

2 Dear Freya, This is to let you know that I ① finally arrived home

□□□ ② safely yesterday, despite my flight being ③ badly delayed by the
④ terribly weather.　　　　（共立女子大）

3 I don't know ① if it's true, but I ② heard of he is ③ good at ④ speaking

□□□ Chinese.　　　　（杏林大　外国語）

4 "If ① it were not ② for your ③ cooperation, I ④ cannot finish the job,"

□□□ my old friend Ronald said seriously.　　　　（明海大　歯）

5 The nervous system is ① one of the most complex systems in our

□□□ bodies. ② Their main function is to ③ respond to internal and
environmental changes ④ in order to maintain homeostasis.

（国士舘大）

DAY 17

月　　日（　）

1 次の各文の（　　　）に入れるのに最も適当なものを、それぞれ下の①〜④のうちから1つずつ選びなさい。

1 The coach, (　　　) I introduced her yesterday, wants to see her again.
① to who　　② to whom　　③ who　　④ whom

（武庫川女子大　文）

2 Cancer is a complex disease (　　　) by cellular mutations that are unique to each patient.
① caused　　② causing　　③ in causes　　④ having caused

（昭和女子大　人間文化）

3 Excuse me, but this is a non-smoking area. Would you (　　　) from smoking here?
① recall　　② refrain　　③ remind　　④ resist

（京都女子大　文）

4 We bought (　　　) for our new apartment online to save time.
① a few furnitures　　② some furnitures
③ a few furniture　　④ some furniture

（東京経済大）

5 Vitamin C is (　　　) medicine than an apple is.
① no more　　② not better　　③ not less　　④ no little

（大阪医科大　看護）

6 I will go to Italy to study old paintings (　　　) if there are a lot of hurdles to overcome.
① though　　② even　　③ as　　④ but　　（亜細亜大　経済）

7 Many rivers have been so polluted that they can (　　　) be used for drinking water.
① any longer　　② no less　　③ no longer　　④ worse

（京都女子大　文）

8 The presentation delivered at the conference (　　) of new ideas.
□□□　① consist　② consisted　③ consisting　④ to consist

（武庫川女子大　文）

9 Alicia often studies at the public library to (　　) on her work.
□□□　① translate　　② succeed
　　　③ concentrate　　④ behave

（獨協大　外国語）

10 Jane got Tom (　　) her with her physics homework.
□□□　① for helping　② help　③ to help　④ to helping

（京都女子大　文）

2　次の各文において、日本語を参考にしながら、それぞれ下の語句を並べかえて空所を補い、最も適当な文を完成させなさい。

1 彼女はその件について、何も聞いていなかったかのように話しました。
□□□　She (　　) (　　) (　　) (　　) (　　) (　　) about the matter.
　　　① anything　② hadn't　③ as if　④ talked
　　　⑤ heard　⑥ she

（愛知工業大）

2 私が空港で彼に出会ったのはまったくの偶然でした。
□□□　It was purely (　　) (　　) (　　) (　　) (　　) him at the airport.
　　　① accident　② by　③ I　④ met
　　　⑤ that

（桜美林大）

3 京都駅では、私の電車が出るまで2分しかなかった。
□□□　At Kyoto Station, (　　) (　　) (　　) (　　) (　　) (　　) (　　) (　　) my train.
　　　① than　② catch　③ no　④ two minutes
　　　⑤ I　⑥ more　⑦ to　⑧ had

（名古屋学芸大）

D A Y
1
2
3
4
5
6
7
8
9
10
11
12
13
14
15
16
17
18
19
20

4 宿題は3月31日までにあなたの先生に提出しなさい。

☐☐☐ Hand in the ( ) ( ) ( ) ( ) ( ) ( ) ( )
( ) 31.

① assignment   ② later   ③ March
④ no   ⑤ teacher   ⑥ than
⑦ to   ⑧ your   (京都女子大)

5 彼とうまくやっていくのは難しいとわかった。

☐☐☐ I ( ) ( ) ( ) ( ) ( ) ( ).

① it   ② along   ③ found   ④ to get
⑤ difficult   ⑥ with him   (札幌大)

---

3 次の各文において、間違っている箇所を①～④の中からそれぞれ1つずつ選び、正しい形に変えるか削除しなさい。

1 ① Traveling to foreign countries ② widen our knowledge of
☐☐☐ ③ foreign cultures to ④ a great extent.   (京都外国語大)

2 The airport was chaos! Lots of passengers ① were complaining:
☐☐☐ one of the first-class passengers ② were shouting at the ground
staff, several babies ③ were crying, yet some people ④ were still
trying to sleep!   (共立女子大)

3 ① One of the things that ② you must remember ③ is that English
☐☐☐ ④ not so simple.   (杏林大 外国語)

4 Everyone ① says that George cannot help but ② taking a different
☐☐☐ route due ③ to the bad ④ weather.   (国学院大 文)

5 Iwate is ① the second ② larger prefecture in Japan, and is blessed
☐☐☐ ③ with ④ fertile land and beautiful views.   (明海大 歯)

1 次の各文の（　　）に入れるのに最も適当なものを、それぞれ下の①〜④のうち
から1つずつ選びなさい。

1 I don't know what (　　　).
　① means this word　　　　② the meaning this word
　③ this word means　　　　④ this word's meaning
　　　　　　　　　　　　　　　　　　　　（慶応大　看護医療）

2 Some Americans believe that immigrants compete with them for
jobs, (　　) it more difficult to get raises and better jobs.
　① make　　　　　　　　② making
　③ while make　　　　　　④ will make　　（昭和女子大　人間文化）

3 Taking moderate exercise will (　　) you good.
　① give　　② have　　③ do　　④ feel　　（桃山学院大）

4 I'm not quite sure (　　) I didn't buy that car.
　① why　　② if　　③ when　　④ where
　　　　　　　　　　　　　　　　　　　　（藤田保健衛生大）

5 During my vacation, I (　　) a trip to the Grand Canyon.
　① broke into　　　　　② went on
　③ made fun of　　　　④ took the place of　　（札幌大）

6 The train arrived ten minutes (　　) schedule.
　① after　　② back　　③ behind　　④ late　　（名城大　理工）

7 Well, I'll take (　　) of the two tables.
　① bigger　　② the bigger　　③ the big　　④ big one
　　　　　　　　　　　　　　　　　（大阪医科大　看護／改）

8 I'm sorry, we have to go now. A friend of (　　) is waiting
□□□ downstairs.
　　① ours　　　② us　　　③ our　　　④ we

（東海大　文化社会）

9 The company decided to (　　) the research team $3,000,000.
□□□ ① donate　　② invest　　③ offer　　④ teach

（藤田保健衛生大／改）

10 I have (　　) homework to do today.
□□□ ① many　　② a few　　③ some　　④ lots　　（神奈川大　法）

---

2 次の各文において、日本語を参考にしながら、それぞれ下の語句を並べかえて空
　所を補い、最も適当な文を完成させなさい。ただし、文頭にくるものも小文字で
　示してあります。

1 雨がひどく降っていたので、私たちは出発を延期しなければならなかった。
□□□ It was raining (　　) (　　) (　　) (　　) (　　) (　　).
　　① off　　　　　　　② we had　　　　　③ so heavily
　　④ to put　　　　　⑤ our departure　　⑥ that　　（愛知工業大）

2 Eメールのなかった時代には、海外に住む友人と連絡をとることは大変だっ
□□□ た。
　　Before e-mail, it was hard to keep (　　) (　　) (　　) (　　)
　　(　　) lived overseas.
　　① contact　　② friends　　③ in　　　　④ with
　　⑤ who　　　　　　　　　　　　　　　　　　　（桜美林大）

3 あなたたちはここに署名さえすればよいのです。
□□□ (　　) (　　) (　　) (　　) (　　) (　　) (　　) (　　)
　　(　　).
　　① name　　② your　　③ is　　　④ sign
　　⑤ all　　　⑥ here　　⑦ do　　　⑧ to
　　⑨ have　　⑩ you　　　　　　　　　　　（大阪歯科大）

4 自分自身を元気づけるために歌ってはどうでしょう。

□□□ We (　) (　) (　) (　) (　) (　) (　) (　) up.

① as　　　　② cheer　　　③ may　　　　④ ourselves

⑤ sing　　　⑥ songs　　　⑦ to　　　　⑧ well　　　（京都女子大）

5 もっと時間があったら、より多くの寺院や神社を訪れることができたのに。

□□□ If I (　) had more time, I (　) (　) (　) more temples
and shrines.

① could　　② had　　③ have　　④ visited　　（駒澤大）

---

3 次の各文において、間違っている箇所を①～④（①～⑤）の中からそれぞれ1つ
ずつ選び、正しい形に変えるか削除しなさい。

1 She ① has a lot of ② children to ③ looks ④ after ⑤ at school.

□□□　　　　　　　　　　　　　　　　　　　　　　　　　　（立正大）

2 I ① had bought some souvenirs, ② had changed the rest of my

□□□ money and ③ had went through immigration before I ④ heard the
flight was delayed!　　　　　　　　　　　　　　　　　（共立女子大）

3 ① Whether the project ② will succeed or not depends ③ to how you

□□□ ④ plan it beforehand.　　　　　　　　　　　　　　　（国学院大　文）

4 ① Being not busy on the weekend, my father enjoyed ② taking a

□□□ ③ good rest ④ for two days.　　　　　　　　　　　　　（明海大　歯）

5 Any box will ① do ② as many as it ③ can hold these articles I

□□□ ④ bought.　　　　　　　　　　　　　　　　　　　　（和光大）

DAY 19

月　　日（　）

1 次の各文の（　　　）に入れるのに最も適当なものを、それぞれ下の①〜④のうちから1つずつ選びなさい。

1 ☐☐☐ Give up (　　) right now, and you will breathe more easily and enjoy a healthier life.
① smoke　　② to smoke　　③ smoking　　④ to smoking
(摂南大)

2 ☐☐☐ Because of his poor explanation, he couldn't make himself (　　).
① understood　　　　② to understand
③ understand　　　　④ to be understood
(国士舘大)

3 ☐☐☐ She was afraid of having her ring (　　), so she never took it off her finger.
① steal　　② stealing　　③ stolen　　④ stole
(東海大　文化社会)

4 ☐☐☐ She sometimes finds herself wondering (　　) it is like to be truly happy.
① what　　② when　　③ why　　④ if
(川崎医科大)

5 ☐☐☐ She has been thinking (　　) leaving her country after finishing her education.
① for　　② in　　③ of　　④ to
(聖心女子大　現代教養)

6 ☐☐☐ I pay my apartment rent (　　) advance by the end of every month.
① in　　② on　　③ for　　④ before
(佛教大　文)

7 ☐☐☐ Please submit your application (　　) the deadline.
① with　　② off　　③ in　　④ by
(中部大　工)

8 The color of your bag is brighter than ( ) of mine.

☐☐☐ ① it　　② which　　③ that　　④ those　(神田外語大)

9 The rescue team saved the little boy ( ) drowning.

☐☐☐ ① by　　② for　　③ from　　④ of　(武庫川女子大　文)

10 When I saw him yesterday, he looked ( ).

☐☐☐ ① to tire　② tired　③ tiring　④ to get tired

(神奈川大　法)

2 次の各文において、日本語があるものはそれを参考にしながら、それぞれ下の語句を並べかえて空所を補い、最も適当な文を完成させなさい。ただし、文頭にくるものも小文字で示してあります。

1 その報告書は地球の自然環境が悪化しつつあることを世界に印象づけた。

☐☐☐ The report has impressed upon ( ) ( ) ( ) ( )
( ) environment is getting worse.
① natural　② that　③ the earth's　④ the fact
⑤ the world　(桜美林大)

2 その犬は通りを横断するときは必ず飼い主を見上げる。

☐☐☐ The dog never ( ) ( ) ( ) ( ) ( ) ( ) ( )
( ) owner.
① a　② at　③ crosses　④ his
⑤ looking　⑥ street　⑦ up　⑧ without　(京都女子大)

3 If ( ) ( ) ( ) ( ) ( ) ( ) advice, I would not

☐☐☐ have passed the job interview.
① been　② her　③ it　④ not
⑤ for　⑥ had　(福島大)

4 それで私はここに来たんです。

☐☐☐ ( ) ( ) ( ) ( ) ( ) ( ).
① I　② came　③ is　④ why
⑤ here　⑥ that　(札幌大)

5 Hokkaido is ( ) ( ) ( ) ( ) ( ) ( ) main
islands.
① four　　　　　② Japan's　　　　③ largest
④ of　　　　　　⑤ second　　　　⑥ the　　（芝浦工業大／改）

3 次の各文において、間違っている箇所を①〜④（①〜⑤）の中からそれぞれ１つ
ずつ選び、正しい形に変えるか削除しなさい。

1 She is kind enough ① to going out of ② her way ③ to be nice ④ to
anyone in trouble.　　　　　　　　　　　　　　　（和光大）

2 I have good memories of ① my time with your family. I thank you
for ② your help, your sister Joan for ③ hers lovely gift, and
especially your parents for ④ their hospitality.　　（共立女子大）

3 According ① to the weather forecast, the global temperature is
② getting ③ more and more high in recent years ④ because of the
emission of CO_2.　　　　　　　　　　　　　　（国学院大　文）

4 ① There are many lifestyle habits and dietary ② changes a person
can make in order to ③ help preventing the risks ④ of developing
geriatric syndromes.　　　　　　　　　　　　　（国士舘大）

5 The street ① near my house ② is so narrow ③ which trucks ④ aren't
able to use ⑤ it.　　　　　　　　　　　　　　　（立正大）

DAY 20

月　　日（　）

1 次の各文の（　　）に入れるのに最も適当なものを、それぞれ下の①〜④のうち
から1つずつ選びなさい。

---

1 Fortunately, Jack came home (　　) to watch his favorite TV show.
① on case　　② in case　　③ in time　　④ behind time

（清泉女子大　文）

---

2 He is not so much a scholar (　　) a politician.
① than　　② as well　　③ rather　　④ as　　（武蔵野美術大）

---

3 I got (　　) from my teachers when I was preparing for entrance examinations.
① some pieces of advices　　② many advices
③ a lot of advice　　④ some advices　　（国士舘大）

---

4 It is time we (　　) packing. We only have two hours left before we leave.
① starts　　② started　　③ will start　　④ are starting

（東京経済大）

---

5 The scientists of this university are (　　) about the prospect of winning the famous award.
① excite　　② excitement
③ exciting　　④ excited　　（酪農学園大）

---

6 He was made (　　) longer as usual.
① work　　② worked　　③ working　　④ to work

（大阪医科大　看護）

---

7 Tom and I play tennis together every weekend, but (　　) can play very well.
① both of us　　② either of them
③ either of us　　④ neither of us　　（江戸川大）

---

8 I am afraid that they don't (　　) along very well.
□□□　① give　　　② keep　　　③ take　　　④ get　　（名城大　理工）

9 Our new security system for electronic money (　　) to be
□□□　available for public use by the end of March.
① expects　　　　　② has expected
③ is expected　　　④ is expecting　　（名城大　法）

10 Are you for or (　　) my plan?
□□□　① against　　② into　　③ toward　　④ up　　（名古屋学芸大）

---

2 次の各文において、日本語を参考にしながら、それぞれ下の語句を並べかえて空所を補い、最も適当な文を完成させなさい。

1 昨日になってはじめて、私はその俳優が亡くなったというニュースを耳にした。
□□□　Not (　　) (　　) (　　) (　　) (　　) the news that the actor had died.
① I　　　② until　　③ hear　　④ yesterday
⑤ did　　　　　　　　　　　　　　　　　　　　（桜美林大）

2 私は、当然彼女が留学するものだと考えていた。
□□□　I (　　) (　　) (　　) (　　) (　　) (　　) would study abroad.
① for　　　② granted　　③ it　　④ she
⑤ that　　⑥ took　　　　　　　　　　　　　　　（中京大）

3 なぜそれが私たちにとってそんなに重要なのか説明するのに苦労した。
□□□　I (　　) (　　) (　　) why it (　　) so important (　　) us.
① had　　② to　　③ explaining　　④ trouble
⑤ was　　　　　　　　　　　　　　　　　　　　（広島経済大）

4 お待たせしてすみません。
□□□　I'm (　　) (　　) (　　) (　　) (　　) (　　).
① to　　　② you　　③ have　　④ kept
⑤ sorry　　⑥ waiting　　　　　　　　　　　　（札幌大）

5 仕事がつまらないので、彼女は退屈しているようだ。
She ( ) ( ) ( ) ( ) ( ) ( ) ( ).
① her ② because ③ job ④ is
⑤ bored ⑥ boring ⑦ looks
(昭和大)

[3] 次の各文において、間違っている箇所を①〜④(①〜⑤)の中からそれぞれ1つ
ずつ選び、正しい形に変えるか削除しなさい。

1 ① No matter how ② fast you walk, you can't ③ get to the station ④ in
noon.
(和光大)

2 ① When you are confronted ② with a problem or an issue, ③ all you
have to do ④ is using your common sense.
(名城大 経営)

3 Since John hopes many people ① can join the party, he ② believes
it will be a great idea to ③ tell the news to those who will be
④ interesting in the event.
(国学院大 文)

4 My dentist recommended ① wearing a mouthpiece to prevent my
teeth from ② grinding ③ during I'm ④ asleep.
(明海大 歯)

5 My sister ① married ② her classmate ③ whose she ④ had loved ⑤ in
high school.
(立正大)

大学入試

20日間
完成

レベル別
英文法問題
Solution
Last Spurt
ソリューション ラストスパート

スタディサプリ
英語講師
肘井 学
Gaku Hijii

1

スタンダード
レベル

かんき出版

　本書は、**英文法の分野別学習を終えた人向けの演習用**の問題集です。**20日間で完成できる構成**になっています。英文法の学習は通常、時制、助動詞、仮定法と分野ごとに学習を進めていきますが、本番の試験では、すべての文法・語法分野、そして熟語、語彙問題などからランダムに出題されます。

　そこで、本書ではすべての文法・語法分野、熟語、語彙問題などからランダムに問題を掲載しています。単なる過去問集と異なるのは、**捨て問、悪問を排除した点**です。およそどの大学でも、満点防止策として、そのレベルの受験生では解けないような問題が数問含まれていますが、そのような問題は、入試本番で解けなくても問題ないのです。**本書では、確実に正解すべき問題だけを集めました。**

　本書のもうひとつの特長は、**効率を徹底重視した点**です。本書に掲載されている200問の4択問題、100問の整序英作文、100問の正誤問題は重複を極力避けています。それぞれ200、100、100パターンの問題を解くことで、知識と理解を最大限広げられるように設計してあります。

　一方、**4択問題、整序英作文、正誤問題といった出題形式が異なる中での文法項目の重複は、むしろ積極的に扱っています。**なぜなら、出題形式が異なる中での文法項目の重複は、知識の定着と応用力を養い、**一層の学習効果が期待できる**からです。

　さらに、**20日間完成**とすることで、**夏休み、2学期、冬休みや入試直前のひと月前でも完成できる**ように設計しています。

　本書で英文法・語法・熟語・語彙問題の対策を万全にして、入試本番では高得点を勝ち取り、志望校合格を実現させてください。

肘井　学

本 シ リ ー ズ の 特 長

特長その **1** ○─○ 20日間での短期完成！

　本書は、英文法の総まとめ演習という性質から、**夏休み、2学期、冬休みや入試直前の1ヵ月といった短い期間で終えられる構成**になっています。

特長その **2** ○─○ 捨て問・悪問を排除、良問を厳選！

　実際の入試には、およそどんな大学でも、そのレベルの受験生が正解しなくてよい捨て問・悪問が含まれています。本書の目的は、英文法マニアを目指すのではなく、あくまで**最短での志望校合格**を目指しているので、**捨て問・悪問を排除して、入試本番で正解すべき良問を厳選**しています。

特長その **3** ○─○ 重複を避けて効率を徹底追及！

　本書は、大学入試直前の貴重な1ヵ月間に使用されることも想定しています。だからこそ、無駄を省いて**効率を徹底的に追及**しています。4択問題の200問、整序英作文の100問、正誤問題の100問で同じ知識を問う問題を極力省いて、異なるパターンを網羅しています。例えば、スタンダードレベルでは、**仮定法過去の問題、仮定法過去完了の問題、仮定法のif節と主節で時制がずれるミックスのパターンと、各1題ずつ扱っています。**

特長その **4** ○─○ 4択問題・整序英作文・正誤問題の構成！

　1日単位では、入試で出題頻度が高い4択問題10題・整序英作文5題・正誤問題5題を扱います。20セット分あるので、4択問題は200問、整序英作文は100問、正誤問題は100問演習することで、絶対の自信を持って本番に臨めるようになります。そして、同一形式での知識の重複は避けましたが、異なる出題形式での知識の重複は、あえて多く扱いました。例えば、仮定法の知識を4択問題、整序英作文、正誤問題と異なる出題形式で問うことで、知識の定着、応用と、真の理解を得ることができるからです。

特長その 5 ◦─◦ **70の総まとめPOINT！**

　文法問題を解くことで、知識を整理して広げていけるように、70の **総まとめ POINT**
を掲載しました。文法・語法・熟語・語彙の知識の総整理に役立ちます。総まとめ
POINTの項目の一覧はp.006〜p.007にあるので、活用してください。

特長その 6 ◦─◦ **各問題に学習分野のアイコンを掲載！**

　各設問の右側に、**文法・語法・熟語・語彙のどの分野からの出題かわかるアイコ
ン**を付けました。これにより、自分の苦手分野を知ることができます。特定の分野
の不正解が多い場合は、分野ごとの問題集に戻って、再度その分野の理解を深める
ことをおすすめします。拙著の**レベル別英文法問題ソリューション1〜3**だけでな
く、他の分野別文法問題集にも対応できるように、汎用性のある分類でアイコンを
付けています。お手持ちの分野別文法問題集で、自分の弱点を強化してください。

1	仮定法過去・仮定法過去完了の特徴	p.010
2	自動詞と間違えやすい動詞	p.011
3	It is 形容詞 of 人 to do 〜 . をとる形容詞	p.011
4	助動詞＋ have p.p.	p.012
5	「〜するのに慣れている（慣れる）」	p.012
6	「〜に頼る」	p.013
7	動名詞と不定詞の両方を目的語にとり、意味が異なる動詞	p.015
8	ラテン比較級	p.015
9	使役動詞「Oに〜させる」	p.017
10	動名詞のみを目的語（補語）にとる動詞	p.018
11	付帯状況の with	p.019
12	前置詞の but を使った熟語	p.020
13	提案・要求・命令の that 節を作る動詞	p.022
14	SV A of B をとる動詞【関連の of】	p.023
15	通常進行形で使わない動詞	p.024
16	SV A from B をとる動詞【分離】	p.026
17	形式目的語の it を使った熟語	p.026
18	in が省略されることのある熟語	p.027
19	第4文型をとる動詞【奪う】グループ	p.029
20	不定詞のみを目的語にとる動詞	p.031
21	前置詞 vs. 接続詞	p.031
22	SVO 前置詞 〜の重要熟語	p.032
23	「言う・話す」の区別	p.035
24	因果関係を作る熟語	p.036
25	複合関係詞	p.038
26	be to 不定詞	p.038
27	SV A for B 型をとる動詞【理由】グループ	p.040
28	SVO to do の受動態	p.042
29	of ＋ 抽象名詞 ＝ 形容詞 の表現	p.042
30	「お金」に関する英単語	p.043
31	動名詞を使った慣用表現	p.045
32	名詞と間違えやすい副詞	p.047
33	自動詞か他動詞かが紛らわしい動詞	p.048
34	副詞から接続詞に転用された表現	p.049
35	「〜がなければ [〜がなかったら]」の表現	p.050

36	再帰代名詞を使った重要熟語	p.051
37	準動詞の過去	p.052
38	形容詞と名詞の相性	p.056
39	前置詞句から接続詞に転用された表現	p.057
40	相関接続詞	p.061
41	不定詞の副詞的用法　結果用法	p.062
42	anotherとotherの使い分け	p.066
43	強制倒置が起こる否定の副詞	p.069
44	「AするとすぐにB」	p.069
45	疑問詞 to 不定詞	p.070
46	tellの語法	p.072
47	「結婚する」の語法	p.074
48	最上級相当表現	p.074
49	SV A of BとSV O thatをとる動詞	p.077
50	分詞構文の重要表現	p.078
51	no matter 疑問詞	p.080
52	the 比較級	p.081
53	whatの重要表現	p.085
54	-tractの語彙のまとめ	p.088
55	V up withの重要熟語	p.089
56	動詞と名詞のスペリングが似ている単語	p.092
57	remindの語法	p.094
58	-poseの動詞	p.095
59	「偶然」⇔「故意に」の熟語	p.095
60	群動詞の受動態	p.096
61	notを使わない否定表現	p.097
62	offを使った重要熟語	p.103
63	変化のinto	p.103
64	不可算名詞【ひとまとめで考える】	p.105
65	no 比較級 ①	p.106
66	no 比較級 ②	p.108
67	doの第4文型	p.110
68	不可算名詞【抽象名詞】	p.112
69	不定詞の重要表現	p.113
70	同格のthatと相性の良い名詞	p.117

① ▶ 問題を解く

　　1日分の問題は、4択問題10題、整序英作文5題、正誤問題5題の構成です。15分を目安に、問題を解いてください。

② ▶ 解答・解説を見て答え合わせをする

　　解答を見て丸付けをしてください。その際に、間違えた問題、たまたま正解したが、実はよく理解していない問題はチェックボックスにチェックを入れます。さらに、 **総まとめ POINT** を含めて、解説を読み進めてください。

③ ▶ 2周目、3周目はチェックの入った問題だけを解く

　　1周目で完璧に解けた問題は、時間の節約のために2周目、3周目は解答不要です。たまたま正解した問題、間違えた問題に限定して2周目を進めてください。2周目で間違えた問題にもチェックを入れて、3周目は2周目で間違えた問題に集中することで、さらに時間の節約になります。間違えた問題がゼロになるまで、解いていきます。

本シリーズのレベル設定

　本シリーズは、現状の学力に見合った学習を促すために、下記の表のように、細かいレベル分けをしています。

スタンダードレベル	ハイレベル	トップレベル
日本大、東洋大、駒澤大、専修大や、京都産業大、近畿大、甲南大、龍谷大などを代表とした私立大学を目指す人、地方国公立大を目指す人。	学習院大、明治大、青山学院大、立教大、中央大、法政大や、関西大、関西学院大、同志社大、立命館大などの難関私大を目指す人。上位国公立大を目指す人。	早稲田大、慶応大、上智大、東京理科大などの最難関私大を目指す人。北大、東北大、東京大、名古屋大、京都大、大阪大、九州大などの最難関国公立大を目指す人。

難易度のレベルには変動があり、あくまでも目安です。

1日分の演習を終えるごとに、日付、得点を記入し、終了の印としてチェックボックスにチェックを入れていきましょう。

	日　付	得　点	1周	2周	3周
DAY 1	月　日（　）	／20	☐	☐	☐
DAY 2	月　日（　）	／20	☐	☐	☐
DAY 3	月　日（　）	／20	☐	☐	☐
DAY 4	月　日（　）	／20	☐	☐	☐
DAY 5	月　日（　）	／20	☐	☐	☐
DAY 6	月　日（　）	／20	☐	☐	☐
DAY 7	月　日（　）	／20	☐	☐	☐
DAY 8	月　日（　）	／20	☐	☐	☐
DAY 9	月　日（　）	／20	☐	☐	☐
DAY 10	月　日（　）	／20	☐	☐	☐
DAY 11	月　日（　）	／20	☐	☐	☐
DAY 12	月　日（　）	／20	☐	☐	☐
DAY 13	月　日（　）	／20	☐	☐	☐
DAY 14	月　日（　）	／20	☐	☐	☐
DAY 15	月　日（　）	／20	☐	☐	☐
DAY 16	月　日（　）	／20	☐	☐	☐
DAY 17	月　日（　）	／20	☐	☐	☐
DAY 18	月　日（　）	／20	☐	☐	☐
DAY 19	月　日（　）	／20	☐	☐	☐
DAY 20	月　日（　）	／20	☐	☐	☐

DAY 1

1

---

1 正解：②

形容詞

訳：当店では豊富な種類のラケットを取り揃えており、レンタルもご購入もできます。

　カンマ which の先行詞は a great selection of racquets「豊富な種類のラケット」で、それが「レンタルでも購入でも**利用できる**」と文脈を読んで、②が正解。**available**「利用できる」は他にも、「(部屋が) 空いている」、「(人が) 都合がつく」の意味をおさえておく。①「調和している」、③「競争力のある」、④「スポーティーな」の意味。

---

2 正解：④

仮定法

訳：もしマックスが昨日のパーティーに参加していたら、彼はそこでメアリーに会っていただろう。

　if 節の had attended から**仮定法過去完了**と判断し、文脈からも**主節には助動詞の過去形 + have p.p.** を使うので、④が正解。

総まとめ POINT 1 　仮定法過去・仮定法過去完了の特徴

	本来の時制	if 節の特徴	主節の特徴
仮定法過去	現在	過去形	助動詞の過去形 + 動詞の原形
仮定法過去完了	過去	過去完了形	助動詞の過去形 + have p.p.

　上の問題で紹介した**仮定法過去完了**のほか、**仮定法過去**は現在の妄想で、**if 節に過去形、主節に助動詞の過去形 + 動詞の原形**を使います。仮定法過去、仮定法過去完了の if 節、主節の特徴をおさえておきましょう。

---

3 正解：④

熟　語

訳：彼らは、自分たちの計画を実行するために、最善を尽くした。

　空所の前の carry と④から、**carry out**「～を実行する」を推測する。「彼らは、自分たちの計画**を実行する**ために、最善を尽くした」と文の意味も通るので、④が正解。1語で **perform**「実行する」に置き換えられることもおさえておく。①の carry up は「～を担ぎ上げる」、③の carry in は「～を運び込む」の意味。

━4━ 正解：②

訳：私たちは明日の会議でその問題を話し合う予定だ。

　空所の後ろに目的語のthe matter「その問題」があることから他動詞が入るとわかるので、①、②に正解の候補を絞る。① tellは**tell O₁ O₂「O₁にO₂を伝える」**のように、話し相手と内容を目的語にとる。② discussは他動詞で目的語を直接とり、**discuss O「Oについて話し合う」**という意味になるので、これが正解。③、④は主に自動詞で使い、話す相手を表す場合は、talk to、speak to「〜と話す」のように使い、話題を表す場合は、speak about、talk about「〜について話す」のように使う。また、③はspeak English「英語を話す」のように、言語名を目的語にとる用法もある。

総まとめ **POINT 2** 　自動詞と間違えやすい動詞
discuss O「Oについて話し合う」／ **marry O**「Oと結婚する」
reach O「Oに到着する」／ **resemble O**「Oに似ている」
mention O「Oに言及する」

　自動詞と間違えやすい動詞は、上の表のように、目的語を表す「O」を付けて覚えておきましょう。

━5━ 正解：①　　　　　　　　　　　　　　　　　　　　　不定詞

訳：私の事務仕事を手伝ってくれるなんて、あなたは親切ですね。

　It is 形容詞 ... to do ~.の構文で、形容詞 がkind「親切だ」のように人の性質を表す場合は、... を**of 人**の形にするので、①が正解。**It is 形容詞 of 人 to do ~.「〜するなんて 人 は 形容詞 だ」**の構文。

総まとめ **POINT 3** 　It is 形容詞 of 人 to do ~.をとる形容詞	
プラスイメージ	**kind**「親切だ」／ **nice**「素敵だ」／ **wise**「賢い」
マイナスイメージ	**foolish**「愚かだ」／ **stupid**「愚かだ」／ **careless**「不注意だ」

　通常It is 形容詞 for 人 to do ~.の形をとりますが、形容詞 に人の性質を表す上記のような単語が入るときは**of 人**にします。プラスイメージは、**kind**「親切だ」、**nice**「素敵だ」、**wise**「賢い」などです。マイナスイメージには、**foolish**、**stupid**の「愚かだ」や**careless**「不注意だ」などがあります。

━6━ 正解：③　　　　　　　　　　　　　　　　　　　　　名詞の語彙

訳：私は自分のスマートフォンの機能のいくつかを一度も使用したことがない。

　空所の前後の「スマートフォンの〜のいくつかを一度も使用したことがない」から、③ **functions**「機能」を選ぶと意味が通るので、正解。① requestsは「要求」、② actionsは「行動」、④ instrumentsは「器具」の意味。

訳：私は電車に乗り損ねた！　もっと早く家を出るべきだったのに。

　空所の前の文の「電車に乗り損ねた」から、「もっと早く家を出る**べきだったのに**」と文脈を読んで、③ **should have p.p.**「〜するべきだったのに」が正解。①は「もっと早く家を出た」になり、文脈に合わない。② **must have p.p.** は「〜したにちがいない」、④ **would have p.p.** は「〜しただろうに」の意味で、いずれも文脈に合わない。

┌─ 総まとめ **POINT** **4** ╱ 助動詞 ＋ have p.p. ─────────────┐
│ must have p.p.「〜したにちがいない」 │
│ may [might] have p.p.「〜したかもしれない」 │
│ cannot have p.p.「〜したはずがない」 │
│ should have p.p. ／ ought to have p.p.「〜するべきだったのに」 │
└──────────────────────────────────────┘

　助動詞 ＋ have p.p. は、上の問題で挙げた以外に、**may [might] have p.p.**「〜したかもしれない」、**cannot have p.p.**「〜したはずがない」、**should have p.p.** と同義になる **ought to have p.p.**「〜するべきだったのに」などもおさえておきましょう。

訳：名古屋駅に着いたらすぐに、あなたに電話するよ。

　空所の後ろの「名古屋駅に着く」と「電話するよ」から、④の **As soon as**「〜するとすぐに」を入れると意味が通るので、**④が正解**。①は「〜する限り」の意味。②、③は「〜も（多く）」の意味で、接続詞の働きはない。

訳：自分のやり方で物事をするのに慣れている人は、容易に変わることができない。

　空所の前の are used to から、**be used to doing**「**〜するのに慣れている**」を推測する。「自分のやり方で物事をする**のに慣れている**人は、容易に変わることができない」と意味も通るので、**③が正解**。不定詞の副詞的用法と考えて be used to do「〜するのに使われる」の可能性もあるが、「自分のやり方で物事をするのに使われる人々」では文の意味が通らない。

┌─ 総まとめ **POINT** **5** ╱ 「〜するのに慣れている（慣れる）」 ──────┐
│ be [get] used to doing ／ be [get] accustomed to doing │
└──────────────────────────────────────┘

　「〜するのに慣れている」という状態を表す表現、**be used to doing** と be **accustomed to doing** をおさえておきましょう。「〜するのに慣れる」という変化は、**get used to doing**、**get accustomed to doing** で表します。

10 正解：①

訳：その女性実業家は、街のあちこちに5つもレストランを開くつもりだ。

　空所の後ろの five restaurants は**可算名詞**で「5つもレストランを開く」と推測して、① **as many as**「〜も（多くの）」が正解。**no less than** と同じ意味。②や④は不可算名詞やお金に使う。

2

1 正解：④－②－⑦－③－⑥－①－⑤

完成した英文：Many people today (have come to rely on the Internet as) their chief source of information.

　「〜に頼るようになった」と、②、⑦、③、⑥から、**come to do**「〜するようになる」と **rely on**「〜に頼る」を推測して、**come to rely on 〜** まで並べる。「主たる情報源として**インターネットに頼る**」から、**前置詞の as**「〜として」を使って、**the Internet as** their chief source of 〜 と続ける。最後に残った④ have を現在完了形として、come の前に置いて完成。「〜するようになる」は、come to do 以外に get to do、learn to do もおさえておく。

┃総まとめ **POINT** **6** ／「〜に頼る」

depend on ／ rely on ／ count on

　「〜に頼る」も頻出です。**rely on** 以外にも、**depend on**、**count on** をおさえておきましょう。「**A に B で頼る**」と続けたい場合は、**depend on A for B** とすることもおさえておきましょう。

2 正解：②－③－①－④－⑤

完成した英文：I am (fortunate enough to have the opportunity) to meet you.

　②、③、①、④から、形容詞 **enough to do**「〜するのに十分に 形容詞 だ」を推測して、I am **fortunate enough to have** まで並べる。「あなたにお会いできる機会」から、不定詞の形容詞的用法を推測して、**the opportunity** to meet you で完成。形容詞 **enough to do** の 形容詞 部分には、副詞 がくることがあるのもおさえておく。

3 正解：②－③－①－④

完成した英文：The supermarket (will remain closed until) next year.

訳：そのスーパーマーケットは、来年まで閉鎖されたままだろう。

　③から、**remain C**「Cのままだ」を推測して、**remain closed**「閉鎖されたままだ」と並べる。前置詞の④ until は最後に置いて **until** next year「来年までずっと」

とする。残った② willをremainの前に置いて完成。remain以外にも、keep C、stay Cがそれぞれ「Cのままだ」と近い意味になることをおさえておく。

4 **正解**：①-⑤-④-②-③　　　　　　　　　　　　　　　**文型・動詞の語法**

完成した英文：I can't possibly (allow you to go home) in this weather.

訳：この天気の中、あなたが家に帰ることをどうしても認められない。

　①から、**allow O to do**「**Oが～することを許す**」を推測して、**allow you to go home**と並べて完成。空所の前のpossiblyは否定文で使われると「どうしても (～ない)」の意味になる。permit O to do「Oが～するのを許す」も、allowと同じ型をとり、同じ意味になることをおさえておく。

5 **正解**：⑤-④-③／⑥-①-②　　　　　　　　　　　　　　**関係詞・受動態**

完成した英文：Scotland is (famous for whisky), (which is exported) to many countries.

　「スコットランドはウイスキーで有名で」と⑤、④から**be famous for**「～で有名だ」を推測して、Scotland is **famous for whisky**まで並べる。「多くの国に輸出されています」は主語が「ウイスキー」なので⑥の関係代名詞のwhichを使い、, **which is exported** to many countries. で完成。

3

1 **正解**：③ watch ⇒ watching　　　　　　　　　　　　　　　　　**接続詞**

訳：私は電車で本を読んだり、スマートフォンの画面を見たりしていると、すぐに具合が悪くなる。

　③は直前のorによって、getと並列になるとすると文の意味が通らない。readingと並列になるとすると意味が通るので、③を**watching**にするのが正しい。whileの後ろにはI amが省略されている。副詞節を導く**接続詞の後ろで、主節と同じS、be動詞が省略される**ルールなので、②のing形は問題ない。①は「すぐに」、④は「電車で」の意味で問題ない。

2 **正解**：③ ⇒ unable　　　　　　　　　　　　　　　　　　　　　　**形容詞**

訳：スティーブは最近深刻な病気から回復したばかりなので、来月その山に登れないだろうと皆が心配している。彼は十分に健康になってから、あとで挑戦したほうがよい。

　③のimpossibleは「～できない」の意味では人を主語にとれない。人が主語の「～できない」の表現は**be unable to do**で、③を**unable**にするのが正しい。①は「最近」、②は be worried that「～を心配している」、④はhad better「～したほうがよい」の意味。betterの後ろは原形のtryで問題ない。

3 正解：① ⇒ getting

訳：私は昨年、アルプス山脈で登山しているときに遭難(そうなん)したのを、決して忘れないだろう。

　①の **forget to do** は「（これから）〜すべきことを忘れる」という【義務】の意味で使うが、本問では「昨年山で遭難したことを忘れない」という文脈なので、合わない。**forget doing**「〜したことを忘れる」ならば【記憶】の文脈で使えるので、①を **getting にする**のが正しい。②は「〜するとき」、③は「登っていた」という過去進行形の doing、④ the Alps「アルプス山脈」、the Rockies「ロッキー山脈」のように、山脈には the を付ける。

▶ 総まとめ **POINT 7** ／ 動名詞と不定詞の両方を目的語にとり、意味が異なる動詞

① remember to do【義務】 ⇔ remember doing【記憶】
② forget to do【義務】 ⇔ forget doing【記憶】

　動名詞と不定詞の両方を目的語にとって意味が異なる動詞に、remember、forget があります。to do は未来志向、doing は過去志向ですが、もっと正確なニュアンスとして、to do は【義務】の文脈、doing は【記憶】の文脈で使われます。**remember to do** は【義務】で「〜すべきことを覚えている」、**remember doing** は【記憶】で「〜したことを覚えている」になります。**forget to do** も【義務】で「〜すべきことを忘れる」、**forget doing** は【記憶】で「〜したことを忘れる」になることをおさえておきましょう。

---

4 正解：③ ⇒ to

比　較

訳：あなたのイタリア製の車が、彼のものより優れていると私はすぐに気付いた。

　③の前の is superior から、**be superior to**「〜より優れている」を推測する。「あなたのイタリア製の車が、彼のものより優れていると私はすぐに気付いた」と意味も通るので、**③を to にする**のが正しい。①は immediately「すぐに」が動詞の realized を修飾する正しい形。②は「〜製の」という意味で your car を説明する分詞構文。your car と make は受動の関係なので、過去分詞の made で正しい。④は his car を表す所有代名詞の his「彼のもの」で問題ない表現。

▶ 総まとめ **POINT 8** ／ ラテン比較級

be superior to「〜より優れている」 ⇔ be inferior to「〜より劣っている」
be senior to「〜より年上だ」 ⇔ be junior to「〜より年下だ」
prefer A to B「B より A が好きだ」

　通常、比較級の文で「〜より」を表す場合に than を使いますが、ラテン比較級では to を使います。優劣を比べる表現の **be superior to**「〜より優れている」と反対の意味になる **be inferior to**「〜より劣っている」があります。他にも、年齢の上下を表現する **be senior to**「〜より年上だ」と反対の **be junior to**「〜より年下だ」

D
A
Y

1
2
3
4
5
6
7
8
9
10
11
12
13
14
15
16
17
18
19
20

があります。**prefer A to B**「BよりAが好きだ」もおさえておきましょう。

5 正解：③ ⇒ will cost 受動態

訳：私たちの家はかなり古く見えるようになってきているので、じきに誰かに家を塗装してもらわなければいけないだろう。かなりお金がかかるだろうが、その余裕はあると思う。

③の cost は、**cost O_1 O_2**「O_1 に O_2（お金）がかかる」や **cost O**「O（お金）がかかる」と使うので、③**を will cost にする**のが正しい。①は副詞の pretty で「かなり」、②は have to do「～しなければならない」と get O to do「O に～させる」の get、④は afford O「O を購入する余裕がある」の表現で、いずれも正しい。

DAY 2

1

1 ▶ 正解：②
代名詞

訳：ああ、辞書を家に置いてきちゃった！ 私に貸せるものはある？

第2文の「私に貸せるものはある？」の「もの」は、「置いてきた辞書そのもの」ではなくて、「辞書と**同一種類のもの**」なので、② **one** を使う。「**one は同一種類のもの**」、「**it はそれそのもの**」を指す。③は複数名詞の代名詞に使う。④は「いくつかのもの、いくらかのもの」のように、複数名詞の代名詞や不可算名詞の代名詞として使う。

2 ▶ 正解：②
形容詞

訳：その国は終戦以来、ずっとひどい経済状態にある。

空所の前後が「その国はひどい～状態にある」で、economic「経済の」を入れると「ひどい**経済**状態にある」と意味が通るので、**②が正解**。①「人工の」、③「効果的な」、④「広い」で、いずれも意味が通らない。

3 ▶ 正解：①
文型・動詞の語法

訳：ミホの両親は、彼女をそのコンサートに行かせようとしない。

空所の前のlet、herから、**let O do**「**O に～させる**」を推測して、**①が正解**。

総まとめ **POINT** 9 ／ 使役動詞「O に～させる」
① **make O do** ⇒ 強制
② **have O do** ⇒ 依頼
③ **let O do** ⇒ 許可

make、have、let は使役動詞で、すべて「**O に～させる**」という意味で、第5文型をとり、**C に動詞の原形**をとります。同じ「～させる」でもmakeは「無理やり～させる」という**強制**の意味、haveは「～してもらう」という**仕事上の依頼**などの意味、letは「～させてあげる」という**許可**の意味を持つことをおさえておきましょう。

4 ▶ 正解：②
時制

訳：私が駅に着いたとき、電車はゆっくり停車しようとしていた。

when SV のVが過去形のとき、主節の**V**も過去時制になるので、**②が正解**。stop「止まる」を進行形にすると「止まろうとしている」と、止まる時点への接近を表すことをおさえておく。

5 正解：③   仮定法

訳：私はブラウンさんに会った日を、まるで昨日のことのように覚えている。

　空所の後ろで、**yesterday**があるにもかかわらず、**had happened**という過去完了形が使われているので、仮定法の表現である③ **as if**「まるで〜かのように」を推測する。空所の後ろの it はブラウンさんとの出会いを指し、「ブラウンさんに会った日のことを、**まるで昨日のことのように覚えている**」と意味も通るので、③が正解。①、②、④は仮定法では用いず、文の意味も通らない。

6 正解：②   関係詞

訳：彼女に好きなことをやらせてあげなさい。

　（　　）she likes で「彼女が好きな**こと**」と名詞節を作っており、後ろの文が likes の目的語が欠けている**不完全文**なので、② **what** が正解。他の選択肢は関係詞と考えると、いずれも形容詞節を作り、先行詞が必要になる。①は先行詞が場所、③は先行詞が人、④は先行詞がモノのときに使う。疑問詞の可能性もあるが、いずれも文脈に合わない。

7 正解：③   動名詞

訳：A：これは本当に重い。私のためにそれを2階に持って行ってくれますか？
　　B：お安いごようさ、サラ。

　mindは目的語に動名詞をとるので、③、④に正解の候補を絞る。目的語の it が後ろにあり、「あなたがそれを運ぶ」と能動の関係が成り立つので、③が正解。**Would you mind doing?**「〜してくれますか？」は、丁寧な依頼表現であることをおさえておく。

総まとめ POINT **10**	動名詞のみを目的語（補語）にとる動詞

ニュアンス	動　詞
反復	My hobby is ~. / enjoy / practice
進行中	consider / imagine / look forward to
中断	give up / finish / stop
逃避	escape / miss / avoid / mind / put off

　まずは【反復】のグループからです。**My hobby is ~.** や**enjoy**、**practice**「〜を練習する」の目的語は不定詞ではなく、動名詞をとります。次に、【進行中】のグループです。**consider**「〜を考慮する」、**imagine**「〜を想像する」、**look forward to**「〜を楽しみにする」のように、考えるという行為と頭の中の考えや想像が同時に進行する動詞は動名詞と引きあいます。

　次のグループ【中断】には、**give up**「〜をやめる」、**finish**「〜を終える」、**stop**「〜をやめる」などがあります。最後は【逃避】のグループで、**escape**「〜から逃げる」、

miss「〜を逃す」、avoid「〜を避ける」、mind「〜を嫌がる」です。「避ける」から広がり、put off「〜を延期する」も目的語に動名詞をとります。

8 正解：①　　　　　　　　　　　　　　　　　　　　　　接続詞

訳：彼は以前、彼女に会ったことがあったけれども、通りですぐに彼女だとわからなかった。

　「彼は以前彼女に会ったことがあった」と「彼は通りですぐに彼女だとわからなかった」は譲歩「〜だけれども」で接続することができるので、① **Although**が正解。②「〜ので」、③「〜だから」、④「〜ので」はいずれも理由を表すので、文の意味が通らない。

9 正解：②　　　　　　　　　　　　　　　　　　　　　　分　詞

訳：口に物を入れて話してはいけない。

　空所の前の with your mouth から、**with your mouth full**「口に物を入れて」を推測して、②が正解。

┌─ 総まとめ POINT **11** ／ 付帯状況のwith ──────────────┐
① with one's eyes closed 「目を閉じたままで」
② with one's legs crossed 「脚を組んだままで」
③ with one's arms folded 「腕を組んだままで」
④ with one's mouth full 「口に物を入れて」

　付帯状況の with は、**with O C**「O を C した状態で」の O と C に、様々な表現が使われます。①〜③は C の位置に受動の意味を持つ過去分詞が使われています。順に、「目が閉ざされて」、「脚が交差されて」、「腕が折りたたまれて」が直訳です。④だけ full「いっぱいの」という形容詞で、元々は「口がいっぱいになって」＝「口に物を入れて」となりました。

10 正解：③　　　　　　　　　　　　　　　　　　　　　　比　較

訳：サラは、いつもよりずっと難しい問題に困惑している。

　thanがあったら比較級を使う。①は far harder、②は less hard が正しい形、④は no harder にする必要があるので、③が正解。**much は比較級の強調表現で「ずっと」の意味。**

2

1 正解：④—②—①—⑤—③　　　　　　　　　　　　　　　熟　語

完成した英文：We had (no choice but to give up) the plan.

　空所の前の had、④、②、①、⑤から、**have no choice but to do**「〜せざるを

えない」を推測して、We had **no choice but to give up** the plan. と並べて完成。
give upは「あきらめる」の意味。

▶総まとめ POINT 12 前置詞のbutを使った熟語
① **have no choice but to do**「〜せざるをえない」
② **anything but**「決して〜ない」
③ **nothing but**「〜しかない」

　前置詞のbut「〜以外に」を使った熟語です。① **have no choice but to do**「〜する**以外に**選択肢がない」=「〜せざるをえない」、② **anything but**「〜**以外は**何でもよい」=「決して〜ない」、③ **nothing but**「〜**以外**何もない」=「〜しかない」になります。

2 　正解：①-⑥-②-③-⑤-④　　　　　　　　　　　[分詞構文]

[完成した英文]：**I wasn't** (able to contact him not knowing) his e-mail address.

　「連絡できなかった」と空所の前のwasn'tから、wasn't **able to do**を推測して、I wasn't **able to contact**まで並べる。次に、contactの目的語の**him**を置く。さらに、「〜を知らなかったので」と⑤、④から分詞構文を推測して、**not knowing** his e-mail addressで完成。

3 　正解：②-③-⑤-①-④　　　　　　　　　　　　[文型・不定詞]

[完成した英文]：**She kept** (silent in order not to) stand for one side or the other.

[訳]：どちらか一方の味方にならないように、彼女は黙ったままだった。

　空所の前のkeptと②から、**keep C**「Cのままでいる」を推測して、She kept **silent**まで並べる。③、⑤、①、④からin order to doの否定形である**in order not to do**「〜しないように」を推測して、**in order not to** stand for one side or the otherで完成。stand forは「〜の味方をする」の意味。

4 　正解：⑦-②-⑥-④-⑨-⑤-⑧-①-③　　　　　[熟語・不定詞]

[完成した英文]：**It's easy** (for me to turn down what a sales clerk) recommends.

[訳]：店員がすすめたものを、私が断るのは簡単だ。

　空所の前のIt's easyと、⑦、②、⑥、④から、**It is** [形容詞] **for** [人] **to do**.「[人]が…することは[形容詞]だ」、④、⑨から**turn down**「拒絶する」を推測して、It's easy **for me to turn down**まで並べる。⑤を関係代名詞のwhatと推測して、**what a sales clerk** recommends「店員がすすめるもの」で文の意味も通るので、正解と判断する。**sales clerk**は「店員」の意味であることをおさえておく。

5 正解：⑧－①－⑥－②－④－⑤－⑦－③　　　　　　　　関係詞

完成した英文：**Those** (who are suffering from hunger need urgent help).

「〜に苦しんでいる人々」と空所の前のThoseと、⑧から、**those who**「〜する人々」、①、⑥、②から**suffer from**「〜に苦しむ」を推測して、Those **who are suffering from**まで並べる。「飢えに苦しんでいる」から、**hunger**を続けて、「早急な援助が必要である」から、**need urgent help**を続けて、Those **who are suffering from hunger need urgent help**. で完成。

D
A
Y

1
2 —
3
4
5
6
7
8
9
10
11
12
13
14
15
16
17
18
19
20

3

1 正解：④ ⇒ **by**　　　　　　　　　　　　　　　　　　　前置詞

訳：A：年次報告書は書き終えましたか？　今週の金曜日の会議に備えるために、そのデータを参照したいのですが。

　　B：すみません、まだ作業中です。明日までには、それをやり終えます。

Bの返答のitは、the annual report「年次報告書」を指している。Bの発言の2文目は「その報告書を明日までには終わらせる」なので、④を期限を表す**by**「〜までには」にするのが正しい形。untilは継続の終点を表すので「〜までずっと」の意味であることをおさえておく。

2 正解：① ⇒ **quite clear**　　　　　　　　　　　　　　形容詞・副詞

訳：その議長が、周囲の人から偽の情報を与えられていることは、きわめて明らかだった。

「議長が周囲の人から偽の情報を与えられていることは明らかだった」と形式主語のitの構文とわかるので、It is 形容詞 that 〜.となるように、①を**quite clear**にするのが正しい形。It is 副詞 that 〜.の形は強調構文の場合ありうるが、本文のような文全体を修飾する副詞について、この構文は使わない。②、③は「（情報を）与えられている」という過去進行形と受動態が合わさった形で問題ない。④は「偽の情報」、⑤は「人々」の意味。

3 正解：② ⇒ **(should) get**　　　　　　　　　　　　　　助動詞

訳：その医者はボブに、手術の後はたくさんの休息をとるように要求した。

demanded thatから、**提案・要求・命令のthat節**を推測して、この節内の動詞は**should ＋動詞の原形**か、動詞の原形にするので、②を**get**か**should get**にするのが正しい形。③は「たくさんの」、④は「〜の後に」の意味で問題ない。

| ① 「提案する」 suggest ／ propose ／ recommend （すすめる） |
| ② 「要求する」 demand ／ require ／ request ／ insist |
| ③ 「命令する」 order |

　「提案する」、「要求する」、「命令する」という意味の動詞に続くthat節内では、動詞の原形かshould ＋動詞の原形を使うというルールが存在します。①「提案する」は **suggest**、**propose** があり、**recommend**「すすめる」も近い意味なので、that節内は動詞の原形かshould ＋ 動詞の原形を使います。

　続いて、②「要求する」は **demand**、**require**、**request**、**insist** です。insist は「主張する」の意味ではこのルールは適用されず、「要求する」の意味になるとこのルールが適用されることをおさえておきましょう。最後に③「命令する」は **order** で、このルールが適用されます。

4 　正解：④ ⇒ recently　　　　　　　　　　　　　　　　　`形容詞・副詞`

訳：最近、彼の学校にはたくさんの難しい問題があったと聞いている。

　recent「最近の」は形容詞で、通常後ろに名詞を置いて使うので、④を **recently** と副詞にするのが正しい形。「最近、彼の学校でたくさんの難しい問題があったと私は聞いている」で意味も通る。①は現在完了形の have been の been、②は a lot of 「たくさんの」の a lot、③は「彼の学校で」の意味で問題ない。

5 　正解：③ ⇒ the number of　　　　　　　　　　　　　　　　　`熟　語`

訳：統計によると、私たちの小さな町に来る観光客の数が、急速に増えている証拠があるとわかっている。

　③の a number of は「たくさんの」という意味で、~ increase in a number of tourists は、「たくさんの観光客の増加」となり、「たくさんの」・「増加」で意味が重複するおかしな表現になる。~ increase in **the number of** tourists とすれば、「観光客の**数**の増加」で意味が通じるので、③を **the number of** にするのが正しい形。①は statistics「統計」で複数扱いなので、動詞は show で問題ない。④は「私たちの町**への**観光客」で to が使われている。なお、a number of は後ろの名詞とともに複数扱いになり、the number of は number に焦点が当たって単数扱いになることもおさえておく。

DAY 3

1

1 正解：③

疑問

訳：次の電車は、あとどのくらいで来る？

「次の電車は、**あとどのくらいで来る？**」と文の意味を推測して、**待ち時間を尋ねる How soon ~?**「あとどのくらいで～」の意味になる③が正解。①の how often は頻度、②の how long は時間やモノの長さ、④の how far は距離を尋ねる表現であることもおさえておく。

2 正解：①

時制

訳：キムは報道の仕事についていた間、10年間自分の本を書き続けていた。

while he had ～から、過去時制とわかり、for ten years から、「**10年間本を書き続けている**」と継続用法が推測されるので、**過去完了進行形を作る①が正解**。完了形の継続用法では、**動詞が進行形にできるものは、ふつう完了進行形にする**ことをおさえておく。

3 正解：④

動詞の語法・語彙

訳：これらの写真を見ると、私はニューヨークで暮らしていた子ども時代を思い出す。

空所の後ろの me of my childhood と④から、**remind A of B**「AにBを思い出させる」を推測する。「これらの写真を見ると、～子ども時代を思い出す」と文の意味も通るので、④が正解。①「引き起こす」、③「覚えている」は、いずれもSV A of B の型をとらない。② make A of B「BからAを作る」では文の意味が通らない。

▶総まとめ **POINT 14** SV A of B をとる動詞【関連の of】
① **remind A of B**　「AにBを思い出させる」
② **inform A of B**　「AにBを知らせる」
③ **convince A of B**「AにBを納得させる」

SV A of B の型をとる動詞は非常に多く、その中でも of が about「～に関して」の意味で使われている【関連】グループを紹介します。① **remind A of B** は元々「AにBについて思い出させる」＝「AにBを思い出させる」になります。② **inform A of B** も「AにBについて知らせる」＝「AにBを知らせる」です。最後の③ **convince A of B** は「AにBについて納得させる」＝「AにBを納得させる」になります。

4 正解：① 　　　　　　　　　　　　　　　　　　　　　　　時　制

訳：これらの本は、この図書館に帰属している。貸し出し手続きをせずに、それらを家に持ち帰ることはできない。

　belong は **belong to**「〜に所属している」のように使い、**進行形や受動態では使わないので**①、②に正解の候補を絞る。2つ目の文から現在時制とわかるので、①が正解。

▶総まとめ **POINT 15**　　通常進行形で使わない動詞

belong to「〜に所属している」／ resemble O「O に似ている」／ know

　進行形で使わない動詞の代表例は、**belong to**「〜に所属している」です。進行形は【一時性】のニュアンスがあるので、belong to のような一定期間その状態が続く【永続性】を持った動詞とは相性が悪くなります。他にも **resemble O**「O に似ている」は通常進行形にしません。他動詞であることもよく出題されるので、resemble O の形で覚えておきましょう。最後に **know**「知っている」も進行形では使わないことをおさえておきましょう。

---

5 正解：① 　　　　　　　　　　　　　　　　　　　　　　　仮定法

訳：もしあなたが今朝ずっと早く起きていたら、今ごろ朝食を食べる十分な時間があるだろうに。

　主節は would have と助動詞の過去形 ＋ have が使われているので、一見すると**仮定法過去**と思ってしまう。しかし、if 節に **this morning** とあり、文脈から過去の妄想とわかるので、**if 節が仮定法過去完了で、主節が仮定法過去のミックス型**と考える。仮定法過去完了の if 節は過去完了で表すので、①が正解。

---

6 正解：③ 　　　　　　　　　　　　　　　　　　　　　　　助動詞

訳：彼は私たちの会社が売り上げを増やすために、もっと冒険することを提案した。

　空所の前の suggested that から、**提案・要求・命令の that 節**を推測する。この節内では **should ＋ 動詞の原形**か、**動詞の原形**を使うので、③が正解。suggest 以外にも、「要求する」を意味する **insist**、**demand**、**request** などに、このルールが適用されることをおさえておく。

---

7 正解：② 　　　　　　　　　　　　　　　　　　　　　　　不定詞

訳：望月慎太郎は、ジュニアのグランドスラムタイトルを獲得した最初の日本人男性プレイヤーになることで、2019年に歴史を作った。

　①、④の前置詞は後ろに名詞や動名詞を置くので、空所の後ろに動詞の原形の win がある本問では使えない。④は動詞と考えても、やはり win につながらない。③ when は接続詞でも関係詞でも後ろに SV の文構造が必要なので、本問では使えない。

②ならば**不定詞の形容詞的用法**として、「ジュニアのグランドスラムタイトル**を獲得した最初の日本人男性プレイヤー**」と意味も通るので、これが正解。

8　正解：①　　　　　　　　　　　　　　　　　　　　　　　　　　　　[熟　語]

訳：私は、あなたがやせるために砂糖を減らすべきだと思う。

　空所の前後のcut、onと①から**cut down on**「〜を減らす」を推測する。「あなたがやせるために砂糖**を減らす**べきだ」と文の意味も通るので、①**が正解**。cut down onは1語でreduceに置き換えられることもおさえておく。

9　正解：④　　　　　　　　　　　　　　　　　　　　　　　　　　　　[接続詞]

訳：1時間早くそこに到着できるように、飛行機に乗ろう。

　「1時間早く到着できる」と「飛行機に乗ろう」は、**目的**「〜ように［ために］」の関係で接続できる。空所の後ろのwe canと④から、**so that S** [助動詞]「〜ように［ために］」を推測して、④**が正解**。①は「〜のような」の意味、②はso as to do「〜するために」で使い、③はin order to do「〜するために」やin order that SV「SがVするために」で使う。

10　正解：②　　　　　　　　　　　　　　　　　　　　　　　　　　　　[動詞の語彙]

訳：従来のシステムは、インターネットやスマートフォンより前の20世紀に設計されたものなので、私たちは新しいシステムを開発している。

　「従来のシステムは、インターネットやスマートフォンより前の20世紀に設計されたものなので、私たちは新しいシステムを〜している」と②から、**invent**「発明する」を推測して、②**が正解**。①「侵入する」、③「招待する」、④「伴う」は、文の意味が通らない。

2

1　正解：④—⑥—①—②—⑤—③　　　　　　　　　　　　　　　[動詞の語法・語彙]

[完成した英文]：The rain (prevented the boys from going swimming in) the river.

訳：雨のせいで、その男の子たちは川に泳ぎに行けなかった。

　④、①から**prevent O from doing**「Oが〜するのを妨げる」を推測して、The rain **prevented the boys from** 〜.まで並べる。次に②、⑤のどちらを使うか迷うが、**go doing**「〜しに行く」から、**going swimming in** the riverと続けて完成。

① **prevent O from doing**	
② **stop O from doing**	Oが〜するのを妨げる
③ **keep O from doing**	

　SV A from B の【分離】を意味するグループです。from が【起点】の意味から【分離】の意味に発展して使われます。A には目的語の O が入り、O と doing が分離されるので「妨げる」の意味になります。**prevent**、**stop**、**keep** がこの型をとり、すべて「O が〜するのを妨げる」の意味になります。

2 正解：④−⑤−②−③−①　　　　　　　　　　　　　[熟語・不定詞]

[完成した英文]：As a doctor, I (make it a rule to let) patients know as much about their diseases as possible.

　④、⑤、②、③から、**make it a rule to do**「〜することにしている」を推測して、**make it a rule to let** と並べて完成。空所の後ろに **let** patients know as much about their diseases as possible「患者にできる限り自分の病気について知らせる」と続くので、正しい並びと確認できる。let O do「Oに〜させる」、as 〜 as possible「できる限り〜」の表現もおさえておく。

総まとめ POINT **17**　形式目的語の it を使った熟語

① **see to it that**「〜するように気をつける」
② **make it a rule to do**「〜することにしている」
③ **take it for granted that**「〜を当然と思う」

　この3つの熟語はすべて**形式目的語の it** を使っており、入試に頻出です。①は、前置詞 to の目的語に that 節を置けないことから、it を置いてこの形になりました。②は、make O C「O を C にする」の O に to 以下を指す形式目的語の it を使って、C に a rule「習慣」を置き、「〜することを習慣にする」＝「〜することにしている」になりました。

　③は、**take A for B**「A を B と思う」の A に形式目的語の it を使って、B に **granted**「（世の中に）認められた」＝「当然の」が使われている表現です。

3 正解：②−⑥−①−③−⑤−④　　　　　　　　　　　　[疑問・熟語]

[完成した英文]：(Why don't you take it to) Shibuya?

　②、⑥、①から、**Why don't you 〜?**「〜してはどうですか？」という提案表現を推測して、**Why don't you** まで並べる。「バスで渋谷まで行ったら」から、**take it to** Shibuya? で完成。it は the bus を受ける代名詞で「バスに乗って渋谷まで行く」という意味。

　　　　　　　　　　　　　　　熟　語

完成した英文：(I spent about an hour solving the math problem).

　④、⑤、⑥から **spend O (in) doing**「Oを〜するのに費やす」を推測して、**I spent an hour solving** まで並べる。solvingの目的語に② **the math problem** を置き、日本語訳の「1時間くらい」から① **about** を **an hour** の前に置いて完成。

━━▶ 総まとめ **POINT** **18**　inが省略されることのある熟語

① **spend O (in) doing**「Oを〜するのに費やす」
② **have trouble [difficulty] doing**「〜するのに苦労する」
③ **be busy (in) doing**「〜するのに忙しい」

　① **spend O (in) doing**「Oを〜するのに費やす」は、inが省略されることの多い表現です。② **have trouble doing** はもともとdoingの前にinがありましたが、現在ではふつう省略されます。また、troubleをdifficultyに換えても同じ意味なので、おさえておきましょう。最後が③ **be busy (in) doing**「〜するのに忙しい」で、いずれもよく狙われるので、おさえておきましょう。

━◀5　正解：①−④−③−②　　　　　　　　　　　　　　　　　　　関係詞

完成した英文：We treat our guests (the way we would like to be treated).
訳：私たちは自分が扱われたいように、客を扱う。

　①から、**the way SV**「SがVする方法[SがVするように]」を推測して、**the way we would 〜** まで完成させる。④、③から **would like to do**「〜したい」を推測して、**like to be treated** と続けると、「私たちは自分が扱われたいように、客を扱う」と意味も通るので、正解と判断する。

3

━◀1　正解：③ ⇒ to find　　　　　　　　　　　　　　　　　　　不定詞

訳：もしあなたが、人や仕事に合わせる必要があるなら、それに対処する時間を見つけようとする。

　③が含まれる表現は **try to do**「〜しようとする」の表現にすると、「それに対処する時間を見つけようとする」と文の意味も通るので、③**を to find** にするのが正しい形。①は need to doのto do、②は fit O in「Oに合わせる」のOに、a person or task が置かれている表現の一部。④、⑤はitが a person or task を受けて、「それに対処する」という意味の不定詞の形容詞的用法で、the time を修飾する。

2 正解：③ ⇒ borrowing　　　　　　　　　　　　　　　　　**動名詞**

訳：A：あなたは数か月前に私からお金を借りたよね。

　　B：借りたっけ？　本当に？　私はあなたからお金を借りたことを覚えていないよ。

　③を含む **remember to do**「（これから）〜すべきことを覚えている」は、p.015 の 総まとめ **POINT 7** で学習した通り、未来志向であり、これから先の【義務】を表す表現。A の発言に「あなたは数か月前に私からお金を借りたよね」とあることから、B の発言は「あなたから**お金を借りたのを覚えていない**」となるはずなので、過去志向の【記憶】を表す **remember doing**「〜したことを覚えている」を使うべきだとわかる。よって、③を **borrowing** にするのが正しい形。

3 正解：④ ⇒ did you see　　　　　　　　　　　　　　　　　**時 制**

訳：私は長い間トムに会っていない。あなたが彼に最後に会ったのはいつですか？

　④の含まれている文は、「彼に最後に会ったのはいつですか？」と過去の一点を指す表現なので、過去から現在へとつながる幅のある表現の現在完了形は使えない。よって、④を過去形の **did you see** にするのが正しい形。**when を使った疑問文では現在完了形を使わない**ことをおさえておく。①は「会っていない」で現在完了の文、②、③は「長い間」の意味で問題ない。

4 正解：③ ⇒ has　　　　　　　　　　　　　　　　　　　　**SVの一致**

訳：その学校の校長であるミラーさんは、いつも教師に月次報告書を提出させている。

　③の have に対応する主語は、The school principal「その学校の校長」で単数形なので、③を **has** にするのが正しい形。② always「いつも」は副詞で助動詞ではないので、動詞の形に影響を与えないことをおさえておく。①は主語として問題ない形。④は have O do「O に〜させる」の do で、「提出する」の意味で問題ない。

5 正解：③ ⇒ been paid　　　　　　　　　　　　　　　　　　**助動詞**

訳：私は銀行の口座残高を確認する必要がある。私の給料は数日前に支払われたはずだ。

　直前の should have から、**should have p.p.**「〜すべきだったのに [〜したはずだ]」を推測する。「銀行の口座残高を確認する必要がある。数日前に給料は**支払われたはずだ**」と文の意味も通るので、③を **been paid** にするのが正しい形。

DAY 4

1

1 正解：③

文 型

訳：トムはその壁を塗るのに午後いっぱいかかったので、他に何もできなかった。

空所の前後の It、Tom、all afternoon、to paint ~と③から、第4文型の**It takes** 人 時間 **to do ~.**「 人 が~するのに 時間 がかかる」を推測する。「トムがその壁を塗るのに、午後いっぱいかかった」と意味も通るので、③が正解。①「要求した」、②「費やした」はいずれも第4文型をとらない。④は第4文型をとるが、「省(はぶ)いた」の意味になるので、文脈に合わない。

総まとめ POINT 19 | 第4文型をとる動詞【奪う】グループ

① **It takes** 人 時間 **to do ~.**「 人 が~するのに 時間 がかかる」
② **It costs** 人 お金 **to do ~.**「 人 が~するのに お金 がかかる」

第4文型をとる動詞で「奪う」の意味になるグループを紹介します。①、②ともに、Itは形式主語でto do以下を指します。①「~することが 人 から 時間 を奪う」=「 人 が~するのに 時間 がかかる」で、②「~することが 人 から お金 を奪う」=「 人 が~するのに お金 がかかる」になることをおさえておきましょう。

2 正解：④

仮定法

訳：映画館は毎週水曜日に学生割引があるけれど、チケットがさらに安かったらなあ。

I wish ~.「~だったらなあ」は、~の部分に仮定法の節をとる。仮定法では、**本来の時制から1つ前のもの**を使う。現在の妄想に対しては**過去形の④**が正解。

3 正解：①

強 調

訳：私が昨晩彼と出会ったのは、駅だった。

文頭のIt was at the stationから、**強調構文It is A that ~.** を推測して、①が正解。本問のように、**A**の位置に前置詞句や副詞句、副詞節がくることがある。他の選択肢ではItの説明がつかない。

4 正解：②

分 詞

訳：ジェーン：宿題を終えた?
　　　デイヴ：いいや、でも明日の朝までに終えるよ。

getが**get O C「OをCにする」**の第5文型をとれることを確認する。空所の前のitはyour homeworkを指し、**「宿題は終えられる」と受動の関係**なので、過去分詞

の②が正解。

5 正解：① 分詞構文

訳：花でいっぱいだったので、その庭はとても美しかった。

　選択肢の①～③から、**Doing(Done) ~, SV.** の形が成り立つので、**分詞構文の問題**と推測する。主節の主語の the garden と fill は「その庭は～で**満たされる（いっぱいだ）**」と受動の関係なので、**過去分詞の①が正解**。④は fill A with B「A を B で満たす」で使うので、A が足りない。

6 正解：① 助動詞・動名詞

訳：多くの学生が午後の授業の間眠ってしまう。私は彼らが夜、十分な睡眠をとっているのかを疑問に思わざるをえない。

　「**多くの学生が眠ってしまうので、十分な睡眠をとっているか疑問に～**」から、**cannot help doing**「～せざるをえない」を入れると意味が通るので、**①が正解**。

7 正解：③ 比　較

訳：あなたのお金をすべて一度に使うよりも、一部を貯金するほうがはるかに良い。

　空所の後ろに than があり、**than があったら比較級**を使うので、**③が正解**。「あなたのお金をすべて一度に使うよりも、一部を貯金するほうがはるかに良い」と文の意味も通る。④はラテン比較級で **be inferior to**「～より劣っている」で使う。①は原級、②は最上級の形。

8 正解：① 否　定

訳：A：私は次の授業の前に、その小説を読み終えることはできないだろう。
　　　B：私も終えられないだろう。

　否定文に対して「S も～ない」は **Neither VS.** で表すので、**①が正解**。②「自分でお取りください」、③「私はむしろ言いたくない」、④「あなたはとても親切だね」の表現だが、いずれも A の発言に対する返答としてふさわしくない。

9 正解：① 動詞の語法

訳：マイケルは、何とか私たちを救いに来ることができた。

　空所の後ろの to come と①から、**manage to do**「何とか～する」を推測する。「マイケルは、**何とか**私たちを救いに来ることが**できた**」と意味も通るので、**①が正解**。②「失望させた」、③「励ました」、④「完成させた」の意味で、いずれも後ろに to do を続けない。

ニュアンス	動　詞
未来	promise / plan / decide / manage
願望	hope / want / would like / wish
マイナスイメージ	refuse / hesitate / fail

　promise「約束する」、**plan**「計画する」、**decide**「決める」は**これからする【未来】**のことなので、**目的語に不定詞**をとります。manageも**manage to do**でこれから先の話を「何とか〜する」となります。続いて、「これから何かをやりたい」といった【願望】を表す文脈でも目的語に不定詞を使います。**hope**「希望する」や、**want**、wantを丁寧にした**would like**、**wish**「望む」も不定詞と引き合います。最後に、不定詞を目的語にとる、例外的に**後ろ向きな意味のグループ**です。**refuse**「拒絶する」、**hesitate**「ためらう」、**fail**「〜しない」が、マイナスイメージで不定詞を目的語にとる動詞です。

10 正解：① 前置詞

訳：ひどい雨にもかかわらず、私たちはスケジュール通りに、運動会を開催した。

　空所の後ろが名詞なので、前置詞の①、③に正解の候補を絞る。「ひどい雨」と「運動会を開催した」は、**譲歩「〜にもかかわらず」**の関係で接続できるので、①**Despite**が正解。②のHowever「しかしながら」は、後ろに名詞を置いて使わない。④Though「〜だけれども」は従属接続詞なので、後ろにSVの文構造が続く。

意　味	前置詞	接続詞
①〜にもかかわらず	despite [in spite of]	though [although]
②〜の間	during	while
③〜が原因で	because of	because

　前置詞と接続詞の区別で狙われる表現をまとめました。前置詞は後ろに名詞、接続詞は後ろにSVの文構造が続くことをおさえておきましょう。①「〜にもかかわらず」の意味では、前置詞が**despite**、**in spite of**で、接続詞が**though**や**although**です。②「〜の間」の意味では、前置詞が**during**、接続詞が**while**です。③「〜が原因で」の意味では、前置詞が**because of**、接続詞が**because**であることをおさえておきましょう。

2

1 正解：④—②—⑤—③—① **熟 語**

完成した英文：Architects must take the needs (of elderly people into account).

空所の前のtakeと③、①から、**take O into account**「Oを考慮に入れる」を推測する。日本語訳の「高齢者のこと」を、空所の前のthe needsから、「高齢者のニーズ」と読み換えて、take the needs **of elderly people into account** で完成。elderly「高齢の」はoldの丁寧な表現であることをおさえておく。

総まとめ **POINT** 22 / SVO 前置詞 ～の重要熟語	
take O into account	Oを考慮に入れる
have O in common	Oを共通に持つ
keep O in mind	Oを心に留める

take O into account は account を consideration にしても同じ意味です。**have O in common** は、共有相手を続ける場合は、**have O in common with ～** と続けます。**keep O in mind** は「Oを心に保つ」＝「Oを心に留める」になります。いずれもよく狙われるので、おさえておきましょう。

2 正解：③—⑧—②—⑦—④—⑥—①—⑤ **不定詞・熟語**

完成した英文：The city decided (not to hold the festival on the grounds that) it would cost too much.

日本語訳の「祭りを行わないことにした」と、空所の前のdecided、③、⑧、②から、**decide not to do**「～しないことにする」を推測して、The city decided **not to hold the festival** まで並べる。「費用がかかりすぎだという理由から」と、④、⑥、①、⑤から、**on the grounds that**「～という理由で」を推測して、**on the grounds that** it would cost too much. で完成。

3 正解：①—③—⑤—⑥—②—④—⑦ **熟 語**

完成した英文：Mr. Tanaka (is supposed to make a business trip) to Paris.

「～することになっています」と①、③、⑤から、**be supposed to do**「～することになっている」を推測して、Mr. Tanaka **is supposed to** まで並べる。⑥、②、⑦から、**make a trip**「旅をする」を推測して、「出張する」という日本語訳から、**make a business trip** to Paris で完成。

4 正解：⑥－⑤－②－④－①－③ 　　　　　　　　　　　　　　　　**強 調**

完成した英文：It (was not until recently that AI technology became so) popular.

　空所の前のItと⑥、⑤、②、④から、**It is not until A that B.**「Aして（になって）はじめてBする」を推測して、**It was not until recently that AI technology** まで並べる。「AI技術がこれほど盛んになった」を参考にして、**became so** popularと続けて完成。

5 正解：①－⑦－③－⑤－②－⑥－④ 　　　　　　　　　　　　**接続詞・助動詞**

完成した英文：I think (that there must have been some misunderstanding) between Tom and Mary.

　「～と思います」と空所の前のI think、①から、**名詞節のthat**を推測して、I think **that** まで並べる。「～があったにちがいない」と⑦、③、⑤、②から、there be構文と **must have p.p.**「～したにちがいない」を推測して、**there must have been** と続ける。「トムとメアリーの間には、**何か誤解があった**」から、**some misunderstanding** between Tom and Maryと並べて完成。

3

1 正解：② ⇒ discuss [talk about] the matter 　　　　　　**文型・動詞の語法**

訳：A：わかった。これはもっと深刻な問題になるかもしれないので、私たちはできる限り早くその問題について話し合うべきだ。

　　　B：ありがとう。もっと情報が必要な場合は、私に知らせてください。できることなら何でもお手伝いします。

　discussは **discuss O**「Oについて話し合う」と後ろに目的語をとる他動詞で使うので、②を **discuss the matter** にするのが正しい形。**talk about the matter** でもよい。①「より深刻な」、③「情報」、④は be willing to do「進んで～する」が使われて、「すすんで助ける」で問題ない表現。

2 正解：④ ⇒ (on) playing 　　　　　　　　　　　　　　　　　　**熟 語**

訳：私が勉強しているのに、私の隣人はうるさい音楽を流し続けた。

　④を含む表現は、元々 **keep (on) doing**「～し続ける」なので、④を **(on) playing** にするのが正しい形。①「～している間」で接続詞なので、後ろにI was (studying)とSVが続く形で問題ない。②は過去進行形、③「私の」、⑤「うるさい」という意味で問題のない表現。

3 正解：③ ⇒ in which [where]

訳：その家族は、とうとう住みたいと思う家を見つけた。

③の in that は「〜という点で」と接続詞で使うが、本問では意味が通らない。that を which に変えると、**in which they wanted to live**「彼らが住みたいと思った」と先行詞の a house を修飾する関係代名詞のカタマリになるので、**③を in which にする**のが正しい形。that も関係代名詞になりうるが、前に前置詞を置くことはできない。③を **where** にしても正解。①は「とうとう」の意味で問題ない表現。

4 正解：① ⇒ should have

訳：私は先週その講義に出席すべきだったが、とても具合が悪くて一日中家にいなければならなかった。

①とその後ろで、should、have、attended が使われていることから、**should have p.p.**「〜するべきだったのに」を推測する。「私は先週その講義に出席する**べきだったが、とても具合が悪くて一日中家にいなければならなかった」と文の意味も通るので、**①を should have にする**のが正しい形。②は「その講義」、③は have to do「〜しなければならない」の have が過去形になった形、④は「一日中」の表現で問題ない。

5 正解：② ⇒ had been

訳：カレンには、その国の一流の会社の1つの管理職のポジションのオファーをもらったことを信じるのが難しかった。

②は文の時制が found と過去時制なので、その過去の時点ですでにオファーされていたのなら**過去完了**にする必要がある。よって、**②を had been にする**のが正しい形。①は find O C「O を C だと思う」の O に形式目的語の it、C に difficult が使われている表現。③「管理職のポジション」、④「一流の会社」の意味で、問題ない。

DAY 5

1

1 正解：③

訳：その生徒は先生に、学校に遅刻するだろうということを伝えなかった。

空所の後ろの her teacher、that she would be ～から、名詞節の that を使った**第4文型を予測**する。選択肢③から、**tell O that**「Oに～を伝える」を予測して、「その生徒は先生に、学校に遅刻するだろうということを**伝え**なかった」と意味も通るので、**③が正解**。①、②は多くの場合、自動詞で後ろに to をとって「～と話す」、about をとって「～について話す」と使う。④は他動詞で発言内容を目的語にとる。

総まとめ POINT 23 「言う・話す」の区別

自動詞の「言う」	**talk** と **speak** は **自動詞**。後ろに話題がくると **talk about**、**speak about**、後ろに話し相手がくると **talk to**、**speak to**。
他動詞の「言う」	**tell** と **say** は **他動詞**。**tell O₁ O₂**「O₁にO₂を伝える」、**tell O that**「Oに～を伝える」、**tell O to do**「Oに～するように言う」、**tell A about B**「BについてAに伝える」のように使う。say は **say that ～** や **say hello to**「～によろしく言う」のように、発言内容を目的語にとる。

「言う・話す」の動詞の区別を紹介します。まずは、**自動詞が talk、speak** で、**他動詞が say、tell** であることをおさえておきましょう。それぞれ、**talk about**「～について話す」、**speak to**「～と話す」、**tell O₁ O₂**「O₁にO₂を伝える」、**say that ～**「～と言う」などの代表的な使い方をおさえておきましょう。

2 正解：②

訳：約束とは、特定の時間と場所で誰かと会う合意だ。

「特定の時間、場所で誰かと会う合意」から② **appointment**「面会の約束」が正解。①「外見」、③「評価」、④「想定」の意味。

3 正解：②

訳：彼の失敗の理由は、部下の善意にあまりに頼りすぎたことだ。

空所から will まで「～こと」の名詞節を作り、文の補語になっているので、② **that** が正解。①は「～かどうか」の意味で名詞節を作れるが、if の節は補語にすることができず、また、意味も通らない。③「～間」、④「なぜ～か」の意味。④を入れると「～の理由はなぜ…かだ」という意味の通らない文になってしまう。

訳：ひどい雨のせいで、その野球の試合は昨晩遅れて始まった。

　「ひどい雨」と「野球の試合が昨晩遅れて始まった」のは**原因と結果**の関係と推測できるので、① **Owing to**「～が原因で」が正解。②は接続詞なので後ろにSVの文構造が必要。③は理由「～ので」の意味では、やはり接続詞で使うので、SVが必要。④は「～の場合に」の意味。

総まとめ POINT 24　因果関係を作る熟語	
因果関係を作る熟語	**意　味**
because of	
due to	～が原因で
owing to	
thanks to	～のおかげで

　「～が原因で」と因果関係を作る熟語には、**because of**「～が原因で」、**due to**、**owing to**などがあります。**thanks to**「～のおかげで」も因果関係を作ることができるので、おさえておきましょう。

訳：助成金を受け取るためには、一定の要件を満たさなければならない。

　空所の後ろにreceiveと動詞の原形があるので、目的を表す**in order to do**「～するために」を推測して、③が正解。①「～にもかかわらず」、②「～の代わりに」は、いずれも前置詞として働くので、後ろに名詞または動名詞が続く。④は「さらに」の意味で、後ろにSVの文構造を続ける。in addition to「～に加えて」と使う場合は、後ろに名詞を続ける。

訳：その市長は、これらの橋で最も高いものをスカイブリッジと名付けた。

　空所の前のtheから、**the ＋ 最上級 of ～**「～の中で最も…」を推測する。name O C「OをCと名付ける」が使われており、Oがthe tallest of these bridges、Cがthe Sky Bridgeにあたり、「その市長は、これらの橋で**最も高いもの**をスカイブリッジと名付けた」と文の意味も通るので、②が正解。theとtheseを同時に1つの名詞を修飾するのに使えないので、③は誤り。①は接続詞、関係詞なしにnamed、areと動詞を2つ使えない。④はthe tall oneとthese bridgesの接続に前置詞が必要なので使えない。

7 正解：④　　　　　　　　　　　　　　　　　　　　　　　関係詞

訳：汚染は、21世紀に対処する必要のある主要な問題だ。

　空所の前が名詞句であり、選択肢から関係詞の問題と推測する。**先行詞はa major problem**「重要な問題」でモノなので、**④が正解**。①は先行詞がthe reasonのときに使い、②、③は先行詞を置かないで使う。

8 正解：④　　　　　　　　　　　　　　　　　　　　　　　助動詞

訳：ドアを閉めていただけますか。

　Will you please ～?「～してもらえますか？」をさらに丁寧にした**Would you please ~?**の表現。**助動詞を過去形にすると丁寧な表現**になる。①、③は動詞の原形であるcloseとともに使わない。②はpleaseと一緒には使わない。

9 正解：①　　　　　　　　　　　　　　　　　　　　　　　時　制

訳：コンサートに行くには遅すぎるのではないかと思う。たとえ今出発しても、私たちがそこに到着するまでには、1時間以上済んでしまっているだろう。

　leave now「今出発する」を仮定しているので、get there「そこに到着する」のは未来とわかる。by the time we get thereで「そこに到着するまでには」の意味なので、**未来のある時点までに完了している動作を表す未来完了の①が正解**。なお、by the time we get thereの部分は、**時と条件の副詞節**と考えられるので、**未来の内容でも現在形を使うことができる**。

10 正解：③　　　　　　　　　　　　　　　　　　　　　　　助動詞

訳：ジャックは私の電話に出てくれない。彼は、携帯電話をサイレントモードにしたにちがいない。

　「ジャックが電話に出ないから、携帯電話をサイレントモードに**したにちがいない**」と意味を推測して、**must have p.p.**「～したにちがいない」になる③が正解。①「～しようとしている」、②「～する予定だ」、④「～だろう」の意味。

2

1 正解：⑤-④-①-③-②-⑥　　　　　　　　　　　　　　　関係詞

完成した英文：(Whoever visits Barcelona is impressed with) **the uniqueness of Sagrada Familia.**

　日本語訳の「バルセロナを訪れた人は皆」と選択肢の⑤から、**whoever**「～する人は誰でも」を使って、**Whoever visits Barcelona ~** で文を始める。「サグラダファミリアの独自性に感動する」は、**be impressed with**「～に感動する」を使って、**is impressed with ~** と続けて完成。

	任意「〜する＿＿はどんな＿＿でも」	譲歩「たとえ〜でも」
whoever	人	誰が [を]
whatever	もの	何が [を]
whichever	もの	どちら [どれ] が [を]
whenever	時	いつ
wherever	場所	どこに
however		どれほど

　複合関係詞には、**任意「〜する＿＿はどんな＿＿でも」**と、**譲歩「たとえ〜でも」**の意味があります。任意とは何でもよいという意味で、＿＿に複合関係詞ごとの意味を入れます。たとえば、whoeverであれば「〜する人はどんな人でも」の意味です。whatever、whicheverは「もの」、wheneverは「時」、whereverは「場所」です。whateverは不特定の範囲から、whicheverは特定の範囲から選ぶという違いがあります。譲歩の意味では**「たとえ〜でも」**の〜に、複合関係詞ごとの意味を入れます。たとえば、**whoever**であれば「たとえ誰が [を] 〜でも」の意味です。**whatever**「何が [何を]」、**whichever**「どちら [どれ] が [を]」、**whenever**「いつ」、**wherever**「どこで」、**however**「どれほど」です。

---

2 正解：④−③−⑦−②−①−⑥−⑤　　　　　　　　　　　　　不定詞・熟語

完成した英文：The President (was to participate in a discussion with) local human rights groups.

　「大統領は〜参加**することになっていた**」と④、③、⑦、②から **be to** 不定詞 の【予定】「〜することになっている」と **participate in**「〜に参加する」を予測して、The President **was to participate in** まで並べる。「地元の人権擁護団体との議論」から、**a discussion with** local human rights groups で完成。a discussion with で「〜との議論」の意味。

be to 不定詞 の意味	近い意味の助動詞
予　定	be going to
義　務	should
可　能	can
意　志	will
運　命	shall

　be to 不定詞 は【予定】の意味では、be going toの代わり、【義務】の意味ではshouldの代わり、【可能】の意味ではcanの代わり、【意志】の意味では、willの代わり、【運命】の意味で、shallの代わりになります。まとめると、**be to** 不定詞 とは万

能助動詞といって、文脈によって様々な助動詞の代わりができます。

3 正解 : ①－④－③－⑤－⑥－②－⑦　　　　　　　　　分詞・不定詞・関係詞

完成した英文 : **We were** (surprised to hear the way Kate solved the problem).

「私たちは、〜を聞いてびっくりしました」と①、④、③から、**be surprised**「驚く」と、感情の原因を表す不定詞の副詞的用法を使って、We were **surprised to hear** 〜.まで完成させる。〜には「ケイトがその問題を解決した方法」が入るので、⑤を使った **the way SV**「SがVする方法」を推測する。**the way Kate solved the problem** で完成。

4 正解 : ③－⑦－①－⑤－④－⑥－②　　　　　　　　　　　不定詞・熟語

完成した英文 : **My** (father never fails to keep his word).

「必ず約束を守ります」と⑦、①、⑤から **never fail to do**「必ず〜する」と、④、⑥、②から **keep one's word**「約束を守る」を推測して、My **father never fails to keep his word** と並べて完成。

5 正解 : ④－②－①－③　　　　　　　　　　　　　　　　熟語・接続詞

完成した英文 : **Please** (see to it that) you don't miss the train.
訳 : 次の電車を逃さないように注意してください。

選択肢から、**see to it that**「〜するように注意する」を予測して、Please **see to it that** you don't miss the next train. とする。「次の電車を逃さないように注意してください」と意味も通るので、正解。

3

1 正解 : ④ ⇒ and　　　　　　　　　　　　　　　　　　　　接続詞

訳 : ケイコ : このマニュアルは、3つの言語で書かれている。
　　リック : 本当？　その3つの言語は何？
　　ケイコ : 日本語、英語、中国語だよ。

リックは「その3つの言語は何？」と尋ねており、その返答で、「日本語、英語、中国語」とあるので、これらはどれか1つを意味するorではなくて、すべてを意味するandで並列するほうが正しいとわかる。よって、④を**and**にするのが正しい形。①「3つの言語で」、②「その3つの」、③「それら」の意味で、問題のない表現。

2 正解 : ② ⇒ newest　　　　　　　　　　　　　　　　　　　比　較

訳 : あなたのOSは、このアプリの最新版をサポートしていないと書かれている。OSの最新版を無料でインストールするチャンスを絶対に逃してはいけない。

newの最上級はnewestなので、②を**newest**にするのが正しい形。①は「言っている」の意味で現在進行形の表現、③は「〜する機会」、④は「最新の」で最上級の表現、⑤はfor free「無料で」という意味の熟語で、いずれも問題ない。

3 正解：② ⇒ which 関係詞

訳：私たちがABC社と結んだ独占契約は、私たちにとってとても好ましいものだ。

関係詞のthatは非制限用法（カンマ＋関係詞の形）では用いられないので、②を**which**にするのが正しい形。have gotの後ろが、名詞が欠けた不完全文であることとも整合性がとれる。①「独占の」、③はget a contract with「〜と契約する」の形、④「好ましい」の意味で、いずれも問題ない。

4 正解：① ⇒ apologized to the boss 動詞の語法

訳：トムは、電車の事故が原因で、職場に来るのが遅れたことで、上司に謝罪した。

apologize「謝罪する」は謝罪する相手を直接目的語にとらず、前置詞toを使って表すので、①を**apologized to the boss**にするのが正しい形。②、③はapologize to A for B「AにBで謝罪する」のfor Bの部分、④はdue to「〜が原因で」の表現で、いずれも問題ない。

総まとめ POINT 27 SV A for B型をとる動詞【理由】グループ

動詞の型	意味
apologize to A for B	AにBで謝罪する
blame A for B	AをBで責める
thank A for B	AにBで感謝する

すべてforが【理由】の意味になります。**apologize to A for B「AにBで謝罪する」**は、Bに謝罪の理由が入り、**謝罪相手の前にtoが入る**ことに注意しましょう。**blame A for B「AをBで責める」**は、Bが責められる理由を表します。最後に、**thank A for B「AにBで感謝する」**は、Bに感謝する理由を置きます。

5 正解：② ⇒ it fixed 分詞

訳：私の冷蔵庫はおかしな音がするが、私は家族に私のところに泊まらせるつもりだから、今すぐそれを修理してもらうべきだ。

②は、itがmy refrigeratorを指すので、**have O C「OをCしてもらう」**を推測する。My refrigeratorとfixは受動の関係なのでfixを過去分詞にして、②を**it fixed**にするのが正しい形。①は「おかしな音」、③は「〜ので」、④はexpect to do「〜することを期待する」のdoにhaveが使われた表現で、いずれも問題ない。

DAY 6

1

1 正解：① 接続詞

訳：自分の英語力にそれほど自信がなかったけれども、私は中学生で留学することに決めた。

空所の前後の「英語力に自信がなかった」と「留学することに決めた」は譲歩の「〜けれども」で接続することができるので、① **even though**「〜だけれども」が正解。**even**は強調の役割をしている。② even if は「たとえ〜でも」の意味、③は「まるで〜かのように」の意味。④は「〜も」で文と文をつなぐことはできない。

2 正解：③ 助動詞

訳：ああ、あなたは調子が良くないんだね？ それなら、今晩のパーティーに行かないほうがよい。

had better「〜したほうがよい」の否定形は、had betterを1語の助動詞とみなして、その後ろに否定のnotを置くので、**had better not do**になる③が正解。他にも **would rather**「むしろ〜したい」の否定形も同様に、**would rather not do**とすることをおさえておく。

3 正解：② 動詞の語法

訳：この部屋での飲食は禁止されています。

空所の後ろのto eatと②から、allow O to doの受動態である **be allowed to do** の否定形be not allowed to doを推測する。「この部屋での飲食は**許されていない**」＝「この部屋での飲食は**禁止されています**」と意味も通るので、②が正解。ここでのYouは一般人を指すので、特に訳出しない。①は通常、人を主語にして使わない形容詞。文の主語が後続のto不定詞の意味上の目的語になる場合のみ例外的に人を主語にすることが可能だが、本文ではyou はeat or drink の目的語にならないので使えない。③はforgive A for B「AをBで許す」、④はprohibit O from doing「Oが〜するのを禁止する」で使う。

SV O to do の動詞と意味	受動態
allow [permit] O to do	be allowed [permitted] to do 「〜するのが許される」
expect O to do	be expected to do 「〜するのが期待される」
encourage O to do	be encouraged to do 「〜するように促される」
force O to do	be forced to do 「〜せざるをえない」
require O to do	be required to do 「〜するように要求される」

　SVO to do の受動態がよく狙われるので、整理しておきましょう。3の問題で登場した **be allowed to do**「〜するのが許される」、**be expected to do**「〜するのが期待される」は頻出なので必ずおさえておきましょう。元の SVO to do から受動態を理解すると覚えやすくなります。

4　正解：④　　　　　　　　　　　　　　　　　　　　　動詞の語彙

訳：マツタニ氏は、ちょうど新しい推理小説を書き終えたところだ。彼はそれが出版されるのを楽しみにしている。

　「小説を書き終えてそれが**〜される**のを楽しみにする」から、**publish**「出版する」を推測して、④が正解。**public**「公の」が動詞になって**publish**「公にする」＝「出版する」の意味。① invent「発明する」、② achieve「達成する」、③ express「表現する」の意味。

5　正解：③　　　　　　　　　　　　　　　　　　　　　前置詞・熟語

訳：これらの古い服は、私にはもはや役に立たない。

　of ＋ 抽象名詞 で形容詞と同じ働きになる。**of use**「役に立つ」に**no**を加えると「まったく役に立たない」となるので、③が正解。

of ＋ 抽象名詞	置き換え可能な形容詞	意　味
of use	useful	役に立つ
of importance	important	重要だ
of value	valuable	価値のある
of help	helpful	役に立つ

　of use ＝ useful で「役に立つ」という意味になります。続いて、**of importance ＝ important**「重要な」です。**of value ＝ valuable**「価値のある」になり、of と value の間に形容詞が入って、**of great value**「とても価値のある」のように使います。最後が、**of help ＝ helpful**「役に立つ」で、of use と近い意味になります。

訳：サンフランシスコの生活費は、毎年上がり続けている。

　空所の前後のThe、of livingと①から、**the cost of living**「生活費」を推測する。「サンフランシスコの**生活費**は毎年上がり続けている」と意味も通るので、①が正解。the cost of livingは頻出表現なのでおさえておく。② **charge**は「**サービスに対する料金**」、③ **fare**は「**(乗り物の)運賃**」、④ **fee**は「**(専門職への)謝礼**」の意味。

総まとめ POINT 30	「お金」に関する英単語	
「お金」を意味する英単語	意　味	特徴と覚え方
fine	罰　金	軽い犯罪をお金で終わらせるのが「罰金」
fare	運　賃	バスやタクシーなど乗り物にかかるお金
fee	謝　礼	(弁護士、学校の先生などの) 専門職への謝礼
cost	費　用	金銭が必要な行為に支払う費用
charge	料　金	サービスにかかるお金
price	価　格	商品の購入にかかるお金

　fine「罰金」で**fare**がバスやタクシーなどの「運賃」です。**fee**は専門職への「謝礼」と「施設などに入るお金」を意味します。そこから、学校に支払う**tuition fee**「授業料」、遊園地などに支払う**admission fee**「入場料」、ジムなどに払う**entrance fee**「入会金」のように使います。**cost**「費用」は**the cost of living**「生活費」をおさえます。**charge**「サービスに対する料金」で、**free of charge**「無料で」をおさえておきましょう。**price**は「商品の購入にかかるお金」で「価格」です。

訳：ドアがノックされたとき、ピーターは長時間働いているわけではなかった。

　「**ドアがノックされた**」時点が過去で、「**働く**」はそれ以前から継続する動作なので、空所の後のworkingとあわせて**過去完了進行形を作る②が正解**。

訳：あなたは、スイス・アルプスの素敵な眺めが見られる良い場所を知っていますか？

　後ろが主語の欠けている**不完全文**なので、**関係代名詞の② that**が正解。①、③はいずれも後ろが完全文のときに使う。④は所有格なので、必ず後ろに名詞がくる。thatは、所有格以外のほとんどの関係代名詞の代わりができることに注意する。

訳：彼は自分の妻に、その衝撃的なニュースを伝えないことに決めた。

　空所の前のdecidedが不定詞を目的語にとる動詞なので、**decide to do**「～することに決める」となる③が正解。不定詞の否定形は**not to do**で表すので、本問では

decide not to do「～しないことに決める」が使われていることをおさえておく。

10 正解：① 関係詞

訳：どれほど熱心に毎日アリのように働いても、私は快適に暮らしているとは思えない。

空所の後ろのhardと①から、**however** 副詞「どれほど 副詞 に～しても」を推測する。「どれほど**熱心に**毎日アリのように働い**ても**、私は快適に暮らしているとは思えない」と意味も通るので、①**が正解**。他の選択肢は後ろにhardのような副詞を置いては使えない。

2

1 正解：②－①－⑤－③－⑥－④ 比 較

完成した英文：An engineer seeks not so (much to know nature as to use it).

空所の前のnot soと②、③から **not so much A as B**「AというよりむしろB」を推測して、An engineer seeks not so **much** まで並べる。「知ろうとするよりは、むしろ利用しようとする」と空所の前のseeks、①から、**seek to do**「～しようと努める」を推測して、**to know nature as to use it** で完成。not so much A as B は比較の重要表現で、B rather than A「AというよりむしろB」と同じ意味であることもおさえておく。

2 正解：④－⑤－③－⑥－⑧－①－②－⑦ 前置詞・熟語

完成した英文：The increase (in population gave rise to a critical shortage) of houses.

「人口の増加」と④、⑤から The increase **in population** まで完成させる。**increase**と**in**は相性がよく「人口が増加する」と**主格**（主語・動詞の関係）を作ることをおさえておく。日本語訳の「引き起こした」と、選択肢の③、⑥、⑧から **give rise to**「～を引き起こす」を推測して、**gave rise to** まで続ける。「深刻な住宅不足」から、**a critical shortage** of houses と続けて完成。

3 正解：③－②－⑤－④－① 分詞構文

完成した英文：My grandmother (lay on the sofa watching) her favorite TV show.

訳：私の祖母は、大好きなテレビ番組を見ながらソファで横になっていた。

③をlie「横になる」の過去形と仮定して、**lay on the sofa** まで並べる。残った **watching** は My grandmother を意味上の主語とする分詞構文と考え、空所の最後に置いて完成。「私の祖母は、大好きなテレビ番組**を見ながらソファで横になっていた**」と意味も通る。

4 正解：④－②－⑤－①－③　　　　　　　　　　　　　分　詞

完成した英文：(Given that she is inexperienced), Beth has done well.

　日本語訳の「〜を考慮に入れると」と選択肢の④、②から **Given that ~**「〜を考慮すると」を推測する。日本語訳の「経験がない」の主語は Beth なので、代名詞の she を使って **Given that she is inexperienced, ~.** で完成。

5 正解：⑤－②－④－③－①　　　　　　　　　　　　分詞・熟語

完成した英文：There are (an increasing number of wealthy people emigrating) to foreign countries.

　日本語訳の「裕福な人々が増えています」と、⑤、②、④、③から、**There be 構文**と **a number of**「たくさんの〜」を使って、There are **an increasing number of wealthy people ~.** とする。「海外へ **移住する**」から、**emigrating** to foreign countries. で完成。

3

1 正解：④ ⇒ visiting　　　　　　　　　　　　　　　　動名詞

訳：京都には、訪れる価値のある有名な寺院や神社がたくさんある。

　be worth doing で「〜する価値がある」の意味なので、④**を visiting** にするのが正しい形。ここでの worth は前置詞なので、後ろには名詞か動名詞が置かれることをおさえておく。①は There be 構文、②は a number of「たくさんの」、③は関係代名詞の which で、a number of famous temples and shrines を修飾する節を作っているので、いずれも問題ない。

総まとめ POINT 31　動名詞を使った慣用表現

動名詞の慣用表現	意　味
be worth doing	〜する価値がある
feel like doing	〜したい気がする
What do you say to doing ~?	〜するのはどうですか？
There is no doing ~.	〜できない。
It is no use doing ~.	〜しても無駄だ。
It goes without saying that ~.	〜は言うまでもない。
when it comes to doing ~,	〜することになると

　be worth doing「〜する価値がある」は 1 の問題で紹介しました。続いて、**feel like doing** は、like が前置詞で「〜のように」の意味なので、「〜するように感じる」＝「〜したい気がする」となります。**What do you say to doing ~?**「〜することに対してあなたは何を言いますか」＝「〜するのはどうですか」と、何かを提案する表現になります。上から 4 番目の **There is no doing ~.** は、元々 **There is no way**

of doingの**way of**が省略されて、「～する方法はない」＝「～できない」となった表現です。

　続いて**It is no use doing ～.**は、形式主語のitがdoing以下の動名詞を指して、useは名詞で「役に立つこと」から、「～しても意味がない」になります。**It goes without saying that ～.**は、状況のitが使われており、「～を言わなくても状況は進む」＝「～は言うまでもない」になります。**Needless to say, ～.**「言うまでもないが、～」と同じ意味の表現です。最後の**when it comes to doing ～,**は、itがその場の話題を指して、「話題が～にやってくると」＝「～することになると」になります。

2　正解：③ ⇒ used　　　　　　　　　　　　　　　　　　　　分 詞

訳：ヘリウムは、風船を膨らませるのによく使われる、無色で味のない元素だ。

　Helium is a colorless, tasteless element でSVCの第2文型が完成されていることを確認する。a colorless and tasteless element のandがカンマになった表現。isが文のVで、usesを使うには接続詞や関係詞が必要だが本文にはない。よって、usesをusedと過去分詞にしてelementを後置修飾すると判断する。「風船を膨らませるのに使われる元素」と意味も通るので、③を**used**にするのが正しい形。②は「無味の」、④は「膨らませる」で問題ない。

3　正解：① ⇒ Climbing　　　　　　　　　　　　　　　　　　動名詞

訳：山に登ることはとても危険になる可能性があるが、同様にとてもわくわくするものだ。

　climb「登る」は動詞で、後ろにcan beという動詞があることから、文頭に置くには**動名詞**にして主語にする必要がある。よって、①を**Climbing**にするのが正しい形。②「ありうる」、③「とても」の意味で、問題のない表現。④はclimbing mountainsを受ける主語のit。mountainsは複数形だが、動名詞句全体は単数扱いなのでitで問題ない。⑤はexciting「わくわくさせるような」＝「わくわくする」と能動の意味の現在分詞で問題ない。

4　正解：④ ⇒ overseas　　　　　　　　　　　　　　　　　　副 詞

訳：もし私が1か月休暇をもらえるなら、鉄道のフリーパスを購入して、海外のどこかを旅行して回るだろう。

　下線④の**overseas**「海外で」は**副詞**で前置詞の後ろで使わないので、④を**overseas**にするのが正しい形。①はoffで「休み」なので、a month off「1か月の休み」となる表現。②は仮定法過去の主節の表現、③はtravel around「旅して回る」のaroundで、いずれも問題ない。

> home「家に」／ abroad、overseas「海外に」／ downtown「繁華街に」

一見名詞のようで実は副詞という単語は、inやtoなどの**前置詞の後ろでは使わない**ので注意が必要です。**home**には名詞の用法もありますが、**「帰宅する」の意味では副詞なので、come home、go home**と使用します。「海外旅行をする」はtravel to abroadとはしません。abroadは副詞なので前置詞toは不要で、**travel abroad**と使うことをおさえておきましょう。

5 正解：② ⇒ see it directly ｜副 詞｜

訳：私たちがその場に行き、それを直接見て、その人たちと話し、その人たちが話すことを細かくメモすることができない限り、何が起きたかは決してわからないだろう。

directly「直接」は副詞なので、前置詞forの後ろで使わない。よって、②を **see it directly** にするのが正しい形。形容詞の語尾に-lyが付くと副詞になるのをおさえておく。①「その場所に行く」、③「その人たちと話す」、④「詳細なメモをとる」の意味で問題ない。

D
A
Y

1
2
3
4
5
6
7
8
9
10
11
12
13
14
15
16
17
18
19
20

DAY 7

1

1　正解：④　　　　　　　　　　　　　　　　　　　　　　　動詞の語法

訳：そのかわいそうな少女は、ある親切な女性が見つけて救急車を呼ぶまで、歩道に横たわっていた。

　空所の後ろが on なので、「横になる」という意味の**自動詞 lie**を変化させた①、④に正解の候補を絞る。過去進行形なので ing 形の**④が正解**。**lie の ing 形は lying** であることをおさえておく。

総まとめ POINT **33**　自動詞か他動詞かが紛らわしい動詞	
自動詞	**他動詞**
lie「横になる」	lay「〜を横にする」
rise「上がる」	raise「〜を上げる」
grow up「育つ」	raise = bring up「〜を育てる」

　自動詞か他動詞かが紛らわしい動詞の代表例に、**lie と lay**、**rise と raise**があります。**lie**が自動詞で「横になる」、**lay**が他動詞で「〜を横にする」や「〜を置く」の意味になります。lie の変化が、**lie-lay-lain** で ing 形は **lying** になります。一方で、lay は **lay-laid-laid** と変化して、ing 形は **laying** になることをおさえておきましょう。

　riseは自動詞で「上がる」の意味で、**rise-rose-risen** と変化します。**raise**は他動詞なので、**raise O**「O を上げる」でおさえておきましょう。**raise-raised-raised** と変化します。**raise**には同様に他動詞で「〜を育てる」の意味もあるので、その意味での自動詞は **grow up**「育つ」になります。他動詞で「〜を育てる」の意味では **bring up** もよく出題されるので、おさえておきましょう。

2　正解：②　　　　　　　　　　　　　　　　　　　　　　　　接続詞

訳：一度彼女のことを知るようになると、きっとあなたは彼女が大好きになるだろう。

　空所の後ろに you get、I'm sure と2つの SV があるので、接続詞が入ることを推測する。①「〜でさえ」は副詞、③は名詞節などを作るので、空所には入らない。④は or と一緒に使って「〜だろうと…だろうと」の意味で使うが、本問では or がないので使えない。②は **Once 〜, SV.**「**一度〜すると、S が V する**」で文と文をつなぐことができる。「**一度彼女のことを知るようになると**、きっとあなたは彼女が大好きになるだろう」で文の意味も通るので、**②が正解**。

Now (that) ~, SV.	今や~なので、SがVする
Once ~, SV.	一度~すると、SがVする
Every time ~, SV.	~する度に、SがVする

now「今」、once「一度」、every time「毎回」は元々副詞ですが、転用されて **Now (that) ~**, SV.「今や~なので、SがVする」、**Once ~**, SV.「一度~すると、SがVする」、**Every time ~**, SV.「~する度に、SがVする」となるので、覚えておきましょう。

---

3 正解：① 動詞の語彙

訳：難しい目標を達成したとき、本当に気持ちが良くなる。

空所の前後の**「難しい目標を~とき、本当に気持ちが良い」**から、① **achieve「達成する」**を使うと意味が通るので、正解。②「得る」、③「勝ち取る」、④「克服する」の意味。

---

4 正解：① 前置詞

訳：陸上交通と空の輸送機関がより安くなっているおかげで、現在ではかつてないほど人口は流動的だ。

「陸上交通と空の輸送機関がより安いこと」と「人口の流動性」は**原因と結果の関係**に当たるので、① **due to「~が原因で」**が正解。②「~を代表して」、③「~にもかかわらず」、④「~がなかったら」の意味。

---

5 正解：④ 関係詞

訳：あなたと異なる意見を持つ人と話すのも、ときには良いことだ。

選択肢から関係詞の問題と判断する。空所の前後のpeopleとopinionsの間には**「人々の意見」**という**所有の関係**が成り立つので、④ **whoseが正解**と判断する。①は本問でのpeopleのような先行詞を置かずに使う。②、③は後ろに名詞が欠けている不完全文が必要。

---

6 正解：④ 不定詞

訳：旅行者は、翻訳機を使わずにコミュニケーションをとることが難しいと思った。

空所の前後のfound、difficultから、find O C「OをCと思う」を推測する。空所の後ろのto communicateが名詞的用法の不定詞とわかれば、これを受ける**形式目的語の④ itが正解**とわかる。この文の主語のTravelersの再帰代名詞はthemselvesになり、また意味も通らないので、①、②は正解にはならない。③は主語で使う。

7 正解：②

訳：私は、その会合で基調講演をするのを楽しみにしていなかった。

空所の前の look forward to から、**look forward to doing**「～するのを楽しみに待つ」を推測して、**②が正解**。to が前置詞なので後ろには名詞か動名詞が置かれることに注意する。

8 正解：②

訳：彼の助けがなかったら、私たちは時間までにその仕事を終えられなかっただろう。

空所の後ろの**助動詞の過去形**である**couldn't**から、**仮定法の表現**を推測する。**without**は「～がなかったら」の意味で、仮定法のif節の代用表現で使えることから、②**が正解**。「彼の助けが**なかったら**、私たちは時間までにその仕事を終えられなかっただろう」と意味も通る。①「～のために」、④「～を除いて」の意味だが、いずれも仮定法のif節の代用としては使われない。③「～しない限り」は接続詞で、後ろにSVの文構造が必要。

総まとめ POINT 35 「～がなければ [～がなかったら]」の表現

「～がなければ [～がなかったら]」	時　制
if it were not for	仮定法過去
if it had not been for	仮定法過去完了
without ／ but for	仮定法過去、仮定法過去完了の両方可

「～がなかったら」は、**if it were not for**と**if it had not been for**があります。if it were not for が**仮定法過去**で、現在の妄想であるのに対して、if it had not been for ~ は**仮定法過去完了**で、過去の妄想になります。「～がなければ（なかったら）」の同意表現に、**without**、**but for**があるのでおさえておきましょう。

9 正解：④

訳：トムは騒がしいクラスで、自分の声を届かせられなかった。

空所の前の make himself と④から、**make oneself heard**「自分の声を届かせる」を推測して、**④が正解**。「騒がしくて自分の声を聴いてもらえない」という表現で、よく使われることをおさえておく。**make oneself understood**「自分の言うことを理解してもらう」もおさえておく。

総まとめ POINT 36 再帰代名詞を使った重要熟語

make oneself understood	自分の言うことを理解してもらう
make oneself heard	自分の声を届かせる
help oneself to	自分で取って飲食する

再帰代名詞(oneself)を使った熟語を見ていきます。**make oneself understood**

「自分の言うことを理解してもらう」で、たいていは否定文で、「自分の言いたいことが通じなかった」という文脈で使われます。**make oneself heard**「自分の声を届かせる」は、たいていは「うるさい中で自分の声を届かせられなかった」と否定文で使います。**help oneself to**「〜を自由に取って飲食する」は、セルフサービスの表現で、直訳すると「自分自身が〜に到達するのを助ける」＝「自分で取って飲食する」になります。

10 正解：②　　　　　　　　　　　　　　　　　　　　　　　　前置詞

訳：昨年の事業の結果に関する最終レポートが、数日後に出るだろう。

　「〜に関するレポートが数日〜出るだろう」と②から、**時の経過のin「〜後に」**を推測する。「〜に関するレポートが**数日後に**出るだろう」と意味も通るので、**②が正解**。

2

1 正解：④−③−⑤−②−①　　　　　　　　　　　　　　　熟語・分詞

完成した英文：The number of students who want to study abroad has been increasing since last year (according to the annual survey conducted by) our university.

訳：私たちの大学が行った年次調査によると、留学したいと考えている学生の数は、昨年以降増え続けている。

　④ **according to**「〜によると」の目的語にあたる名詞が⑤ surveyなので、「調査によると」という表現の中心を完成させる。surveyに冠詞を付けるのに、③を使って、**according to the annual survey**「年次調査によると」まで完成させる。②と①から分詞の後置修飾を推測して、**conducted by** our university「私たちの大学が行った（年次調査）」と意味も通るので、**according to the annual survey conducted by** our universityで完成。

2 正解：②−①−④−⑤−③　　　　　　　　　　　　　動名詞・準動詞

完成した英文：I have to (admit having been skeptical of) your suggestion.

　空所の前のhave toから、**have to do**「〜しなければならない」を推測して、動詞の原形である② admitを最初の空所に持ってくる。日本語訳の「〜に懐疑的であったことは、認めざるをえません」と①、④から、完了動名詞を推測して、**admit having been**と並べる。「〜に懐疑的であった」と④、⑤、③から、**be skeptical of**「〜に懐疑的だ」を推測して、**admit having been skeptical of** your suggestionで完成。

不定詞	to have p.p.
動名詞	having p.p.
分詞構文	having p.p.

　完了不定詞は **to have p.p.** の形で、**本動詞より以前**を表します。続いて、動名詞で本動詞より以前を表したい場合は、**having p.p.** の形の**完了動名詞**を使います。最後に、**分詞構文で本動詞より以前を表したい場合**は、**having p.p.** の形で、たいていは文頭に置きます。

3 正解：⑤-①-④-②-③　　　　　　　　　　　　　　　　**不定詞**

完成した英文：More and more young people (are heading abroad to find out opportunities unavailable at) home.

訳：ますます多くの若者が、自国では手に入れられない機会を見つけるために、海外に向かっている。

　空所の前の More and more people を文のSと判断して、それに対応するVの⑤ **are heading** を最初の空所に置く。head は動詞で使うと「向かう」の意味になる。① abroad「海外に」が副詞で文脈にも合うので、後ろに置いて **are heading abroad**「海外に向かう」まで並べる。④の目的語である②とのつながりを類推して、**to find out opportunities**「機会を見つけるために」を続ける。③の形容詞を後置修飾で使って、**opportunities unavailable at** home「自国では手に入れられない機会」と続けて完成。at home が「自宅で」以外に、文脈によっては「自国で」の意味になることをおさえておく。

4 正解：⑦-④／②-③-⑥-⑤-①　　　　　　　　　　　　　**助動詞**

完成した英文：I would (rather give) up (my job than work under) someone.

　与えられた日本語と空所の前の would、⑦、⑥から **would rather A than B**「BよりむしろAしたい」を推測して、I would **rather** まで並べる。「誰かの下で働くくらいなら、仕事を辞めてしまうほうがましだ」と④、up から、**give up**「やめる」を推測して、**give** up **my job than work under** someone で完成。

5 正解：②-①／④／③　　　　　　　　　　　　　　**分詞構文・動詞の語法**

完成した英文：(Accelerated by) the development of telegraphic communication, early twentieth-century newspapers (enabled) people (to) gather information from all over the world.

　「電信の発達に促され」と②、①から分詞構文を推測して、**Accelerated by** the development 〜まで完成させる。④、③から **enable O to do**「Oが〜するのを可能にする」を推測して、**enabled** people **to** gather information 〜「人々が情報

を得ることを可能にした」で完成。

3

1 正解：④ ⇒ All the　　　　　　　　　　　　　　　**冠詞・形容詞**

訳：エレン：それはどんな種類のレストランなの？
スティーヴ：素敵な景色が見えるイタリアンレストランだよ。
エレン：そこの何が良いの？
スティーヴ：すべての食事だよ。

　all、both、halfなどの語は、**the**とともに名詞の前に置かれる場合、**the**に先行して使うので、④を**All the**にするのが正しい形。all the way「はるばる」、both the girls「両方の少女」、half the price「料金の半分」のように使う。①「レストランの種類」、②「～のある」、③「そこで」の意味。

2 正解：③ ⇒ on　　　　　　　　　　　　　　　　　　**前置詞**

訳：その新しい法律は、2019年の1月1日に施行されるだろう。

　1月1日のような**日付を表す**とき、**前置詞**は**on**を使う。人は日付や曜日に「基づいて」行動するから、**根拠のon**「～に基づいて」を使うというようにおさえておく。①、②はgo into effectで「施行される（法律が効力を発する）」の意味の熟語。will は未来の話なので問題ない。④は、「**年**」を表すには**in**を使うので問題ない。

3 正解：① ⇒ told me [said to me]　　　　　　　　　**動詞の語法**

訳：彼は緊急時には私を助けると、私に言ってくれた。

　sayはthat節やyesなどの発言内容を目的語にとるが、後ろに人をとる場合は**say to 人**の形で使う。後ろに人、**that節**を目的語にして第4文型を作るのはtellなので、①を**told me**にするのが正しい形。said to meでも正しい形になる。②はwillが時制の一致でwouldになった形、③、④は**in case of an emergency**「緊急時には」の意味で問題ない。

4 正解：① ⇒ was relaxing　　　　　　　　　　　　　**時　制**

訳：同僚から電話をもらったとき、デービッドさんはオフィスで長い一日を過ごした後に、テレビの前でリラックスしているところだった。

　when she received a call「彼女が電話をもらったとき」という過去の一点で「**くつろいでいるところだった**」という進行中の動作なので、①を過去進行形の**was relaxing**にするのが正しい形。②「テレビ」、③「オフィスで」、④「電話を受け取った」の意味で問題ない。

5 正解：④ ⇒ its meals

訳：あなたの猫が、私たちのルームメイトが今週の食事用に買ってきたペットフードをすべて食べたので、私は犬に餌をやれていない。

④のit は my dog を指す。「**私の犬の食事**」と所有格で表す必要があるので、④**を its meals にする**のが正しい形。①「私の犬」、②「あなたの猫」、③「私たちのルームメイト」の意味で問題ない。

DAY 8

1

1 正解：④

訳：清水五条駅への行き方を教えていただけますか？

　空所の後ろにme、the wayがあるので第4文型をとる動詞を推測して、③、④に正解の候補を絞る。teachは「教科などを教えるとき」に使い、「道を教えるとき」はtellを使うので、④が正解。①「教育する」、②「指示する」の意味。

2 正解：④

訳：必要なら「いいえ」と言いなさい。人々はあなたの沈黙を同意と解釈するかもしれない。

　「人々はあなたの沈黙を同意と～するかもしれない」から、④ interpret「解釈する」が一番ふさわしい。inter「間に」＋ pret「仲介者」から「2者間の仲介者になる」＝「解釈する」の意味。①「説得する」、②「輸送する」、③「延期する」の意味。

3 正解：①

訳：あなたは他の方法で時間を使ったほうがましだ。

　空所の前のmightと①から、might as well do「～したほうがましだ」を推測する。「あなたは他の方法で時間を使ったほうがましだ」と文の意味も通るので、①が正解。比較対象があると、might as well A as B「BするならAするほうがましだ」となるので、おさえておく。

4 正解：②

訳：両親、友人、先生を含めて、私がこの本を書くのを励まし、手伝ってくれたみんなに、本当に感謝している。

　空所の後ろのmy parents ～ teachersが、everyone who ～ bookの具体例で「～を含めて、…みんなに感謝」と文の意味を読んで、② including「～を含んで」が正解。①「議論して」、③「考案して」、④ consisting ofで「～で構成されて」の意味。

5 正解：③

訳：その見本市に参加する人は誰でも、持っているチケットの種類に応じて、色付きのリストバンドを付けるように求められる。

　空所の後ろにattends、isと2つの動詞があるので、接続詞か関係詞が1つ必要になる。よって、関係詞の一種である複合関係詞の③ Whoever「～する人は誰でも」

が正解。「その見本市に参加する人は**誰でも**〜**ように求められる**」と意味も通る。

---

6 正解：②　　　　　　　　　　　　　　　　　　　　　疑　問

訳：ちょっと散歩しませんか？

　　Let'sで始まる文の付加疑問には**shall we?**を使うので、②が正解。命令文の付加
疑問には①の**will you**や**won't you**、一般動詞の肯定文の付加疑問には④ **don't
you**、一般動詞の否定文の付加疑問には、③ **do you**を付けることをおさえておく。

---

7 正解：①　　　　　　　　　　　　　　　　　　　　　形容詞

訳：6月と7月は日本の雨期だ。雨が非常に多い日がたくさんある。

　　「雨が多い、少ない」は、**heavy**、**light [little]** を使うので、①が正解。③は可算
名詞に使う。②「薄い」、④「速い」の意味。

総まとめ POINT **38** 形容詞と名詞の相性
price「価格」、**salary**「給料」、**income**「収入」の「高い・安い」は**high**、**low**を使う
traffic「交通量」が「多い・少ない」は**heavy**、**light**を使う
rain「雨」の「多い・少ない」は、**heavy**、**little [light]**を使う
population「人口」が「多い・少ない」は**large**、**small**を使う

　　形容詞と名詞の相性を見ていきます。expensive「高価な」やcheap「安価な」は、
それ自体に「価格」の意味が入っているため、price「価格」に使うことができません。
よって、**price**「価格」が高い、安いには**high**と**low**を使います。このように、「高い・
安い」にexpensive、cheapを使わない名詞は、**price**以外に、**salary**「給料」、
income「収入」などがあります。

　　traffic「交通量」の「多い・少ない」は、muchではなく**heavy**、**light**を使います。
rainの「多い・少ない」も、**heavy [much]**、**little [light]**で表します。**population**
は人口全体を大きなカタマリでとらえるので、そのカタマリが大きいか小さいかと考
えて**large**、**small**で表すことをおさえておきましょう。

---

8 正解：④　　　　　　　　　　　　　　　　　　　　冠詞・前置詞

訳：その工場の労働者は、一週間単位で給料が支払われている。

　　空所の前後のby、weekと④から、**単位のby the 〜**を推測する。「その工場の労
働者は、一週間**単位**で給料が支払われている」と意味も通るので、④が正解。どの単
位かを特定するために**the**が使われているとおさえておく。

9　正解：①　　　　　　　　　　　　　　　　　　　　接続詞

訳：野球の試合は、天気が良ければ、今週の土曜日に開催されるだろう。

　空所の後ろにthe weather isとSVの文構造がくるので、「～する限り、～しさえすれば」の意味で文を接続する**as far as**、**as long as**となる①、②に正解の候補を絞る。as far asは程度や範囲の限界、**as long as**は時間の限界や条件を表す。「天気が良ければ、野球の試合は開催される」は**条件を表す**ので、①が正解。③はB as well as A「AだけでなくBも」、④はas much asで「～も」の意味。

10　正解：④　　　　　　　　　　　　　　　　　　　　熟語

訳：暖かい天気を最大限利用して、私たちはビーチに行った。

　空所の前のmake theと④から、**make the most of**「～を最大限利用する」を推測する。「暖かい天気**を最大限利用して**、私たちはビーチに行った」と意味も通るので、④が正解。make the most ofはプラスの状況を利用する場合に使われる。**make the best of**「～を最大限利用する」は、マイナスの状況を利用する文脈で使われることをおさえておく。

2

1　正解：⑦－④／⑤－⑥－②／①－③　　　　　　　　助動詞・接続詞

完成した英文：You'd (better take) some (extra money with) you (in case) you want to buy some presents.

　「～持って行ったほうがよい」と⑦から、空所の前のYou'dをYou hadの短縮形とみなして、**had better**「～したほうがよい」を推測する。betterの後には動詞の原形がくるので、You'd **better take**まで並べる。「お金を余分に持って行ったほうがよい」から、some **extra money with** youと続ける。携帯のwith「～と一緒に」が使われているが、通常日本語に訳さないことをおさえておく。残った選択肢の①、③から**in case**「～する場合に備えて」を推測して、**in case** you want to buy some presentsで完成。

▶総まとめ **POINT 39**　前置詞句から接続詞に転用された表現

SV in case ~.	～する場合に備えて、SがVする
By the time ~, SV.	～するときまでには、SがVする

　前置詞句から転用されて接続詞のように使う表現を紹介します。**in case**「場合に」という前置詞句が接続詞のように転用されて、**SV in case ~.**「～する場合に備えて、SがVする」と使います。続いて、by the time「そのときまでには」が接続詞のように転用された、**By the time ~, SV.**「～するときまでには、SがVする」をおさえておきましょう。

2 正解：③ー⑤ー②ー④ー①   【熟語・分詞】

完成した英文：I am applying (for a position specializing in) computer technology.

訳：私は、コンピューターテクノロジーを専門にする職に応募しているところだ。

　空所の前のapplyingと③から、**apply for**「〜に申し込む」を推測して、最初の空所にforを入れる。apply forの目的語に⑤、②の**a position**「職」を推測する。④、①から**specialize in**「〜を専門にする」を推測して、これが分詞としてa positionを修飾するように後ろに続ける。**a position specializing in** computer technology「コンピューターテクノロジーを専門にする職」と意味も通るので、これで完成。

3 正解：⑦ー②ー⑤ー④ー⑧ー③ー①ー⑥   【仮定法】

完成した英文：I (would appreciate it if you could agree to) my plan.

　日本語訳の「〜いただければ幸いです」と⑦、②、⑤、④から、**I would appreciate it if ~.**「〜なら、ありがたいです」を推測する。itがif節の内容を指している表現。〜には「私の計画にご賛同いただければ」が入るので、①、⑥から**agree to**「〜に同意する」を推測して、**you could agree to** my planと続けて完成。

4 正解：④ー①ー⑥ー⑦ー②ー⑤ー③   【動名詞・熟語】

完成した英文：They (became accustomed to hot weather after living) there a long time.

　日本語訳の「〜に慣れていった」と④、①、⑥から、まず**become accustomed to doing**「〜するのに慣れる」を推測する。**became accustomed to living**まで並べるが、残りの選択肢がうまく使えないので、この推測を修正する。日本語訳の「暑い気候に慣れていった」から、**became accustomed to hot weather**とする。「そこに長く暮らしているうちに」を「そこで長く暮らした後に」と読み換えて、**after living** there a long timeで完成。

5 正解：⑦ー④ー③ー⑥ー②ー①ー⑩ー⑨ー⑤ー⑧   【分詞】

完成した英文：Last (night I found myself falling asleep with the light on).

　「昨夜は」から、Last **night**まで並べる。「気がついたら〜していた」から、**find oneself ~**を推測して、**I found myself ~.**と続ける。「寝ていた」と②、①から**fall asleep**「（ぐっすり）眠る」を推測して、**falling asleep**と続ける。「電気をつけたままで」と⑩、⑨、⑤、⑧から、付帯状況のwithを推測して、**with the light on**で完成。最後のonは副詞のonで「（電気を）つけて」の意味。

1 正解：③ ⇒ how   疑 問

訳：ジャネット：今、漢字を勉強中なんだ。
　　　タカシ：ああ、そうなの？
　　　ジャネット：ええ、教えてもらいたいことがあるんだけど。
　　　タカシ：いいよ。
　　　ジャネット：この漢字をどう読むのか、教えてもらえる？
　　　タカシ：それは「さくら」だよ。桜の花や桜の木を意味している。

　　③の **what** は関係代名詞でも疑問詞でも、後ろの文が名詞の欠けている不完全文である必要があるが、この文は不完全文ではない。前後の表現から「あなたたちはこの漢字をどのように読むか私に教えてくれますか？」と推測して、③**を how** にするのが正しい形。①は前の発言を受けて are you (studying Kanji now)?「あなたは今、漢字を勉強していますか」という表現。②は不定詞の形容詞的用法で something to ask you「あなたに**尋ねる**こと」の意味。④は分詞構文で「〜を意味する」の意味。

2 正解：② ⇒ kinds of   名詞・熟語

訳：世界中に多くの異なる種類の木がある。一部の木は、多くの異なる国で、とても共通している。

　　many の後ろは複数名詞を使うので、②**を kinds of** にするのが正しい形。①は「多くの」、③は「木々」、④は Some (trees) に対応する be 動詞なので、are で問題ない。

3 正解：③ ⇒ them   代名詞

訳：デイビーが買った新しいジーンズは少し長すぎるので、店でそれを短くしてもらった。

　　③の it は The new jeans を受けているはずで、複数名詞なので③**を them** にするのが正しい形。①は buy の過去形 bought で「買った」、②「少し」、④「店で」の意味で問題ない。

4 正解：① ⇒ shopping   動名詞

訳：新しい服を買いに、ショッピングモールに買い物に行かない？　私は買い物が本当に大好きだし、あなたが買い物が好きなのを知っているの。

　　go shopping で「買い物に行く」なので、①**を shopping** にするのが正しい形。②の shopping mall は「ショッピングモール」の意味。③は不定詞の名詞的用法で「買い物をすること」、④は動名詞で「買い物をすること」で、それぞれ love、enjoy の目的語として問題ない形。

5 正解：③ ⇒ is going to ［will］

訳：最初の会合の後に、私たちのグループは、20分の休憩をとることになっている。

　③のwillは助動詞なので、後ろに動詞の原形を続ける必要がある。これから先の予定なので、**③をis going toにする**のが正しい形。going toを削除してwillだけにするのも正しい。①は「最初の会合の後」、②「私たちのグループ」、④「20分の休憩」の意味。④は、単に「20分」なら20 minutesだが、形容詞として使う場合、間にハイフンを入れ、minuteは単数形にして、20-minuteとすることをおさえておく。

DAY 9

1

1 正解：③   動詞の語法・語彙

訳：もしあなたがこのセーターを好きではないなら、別のセーターを着るのに1分かかるだけだろう。

　　oneはsweaterを受ける代名詞なので、「着る」の意味の③、④に正解の候補を絞る。③ **put on** は「**着る**」という**動作**で、④ **wear** は「**着ている**」という**状態**を表す。「このセーターが気に入らないなら、別の物を**着る**のに1分程度で済むよ」という文脈なので、**③が正解**。①は「変える」の意味。「着替える」の意味にもなるが、その場合、change clothes や change from the sweater to another one のように使う。②は「（乗り物などに）乗る」の意味。

2 正解：②   動詞の語彙

訳：独力で生きていくことは、世界に関する知識を身に付ける助けになる。

　　「知識を～する」から、②を使って **gain knowledge**「知識を得る」とするのが正解。by oneself には「一人で」「独力で」の意味があるが、この問題では後者の意味で使われている。①「失う」、③「得点する」、④「引き付ける」の意味。

3 正解：②   否定

訳：ケンは、東京で私が最も会いそうにない人だった。

　　空所の前後の the、person that と②から、**the last person that ～**「～する最後の人」＝「最も～しない人」を推測する。「ケンは、東京で私が**最も会いそうにない人だった**」と意味も通るので、**②が正解**。不定詞を続ける the last person to do もおさえておく。

4 正解：②   接続詞

訳：車の運転手も歩行者も、事故の責任を認めなかった。

　　空所の前の Neither から、**neither A nor B**「AもBも～ない」を推測する。「車の運転手も歩行者も、事故の責任を認め**なかった**」と意味も通るので、**②が正解**。

> **総まとめ POINT 40 ／ 相関接続詞**
>
> | **both A and B**「AとB両方」 |
> |---|
> | **not only A but also B**「AだけでなくBも」／ **not A but B**「AではなくてB」 |
> | **either A or B**「AかBかどちらか」／ **neither A nor B**「AもBも～ない」 |

andを使った相関接続詞には、**both A and B**「**AとB両方**」があります。butを使った相関接続詞には、**not A but B**「**AではなくてB**」、**not only A but also B**「**AだけでなくBも**」などがあります。orを使った相関接続詞には、**either A or B**「**AかBかどちらか**」があります。そして、単語の頭に否定の意味のnを付けた**neither A nor B**「**AもBも〜ない**」があります。

5 正解：④　　　　　　　　　　　　　　　　　　　　　　　　代名詞・熟語

訳：もしあなたが退屈なら、棚にあるどの本でも自由に取って読んでください。

　空所の前後のhelp、toから、**help oneself to**「**〜を自由に取る**」を推測して、**④が正解**。セルフサービスを意味する表現であることをおさえておく。

6 正解：①　　　　　　　　　　　　　　　　　　　　　　　　　　比　較

訳：そのチケットは高価なものだった。実際に、それは200ドルもかかった。

　1つ目の文にexpensive「高価な」があるので、**量やお金が多いことを示す① as much as**「**〜も**」**が正解**。③ as many asは数の多さを表すので、お金が多いことを表すには使わない。② no more than「〜しかない」は少ないことを表す表現。④「〜より大きい」の意味で、cost O_1 O_2のO_2に当たらないので、本問では使えない。

7 正解：①　　　　　　　　　　　　　　　　　　　　　　　　　不定詞

訳：その会社は彼を昇給させたが、彼は1か月後にやめただけだった。

　空所の後ろのhaveは動詞の原形なので、**①**の**only to do**「**〜したが、…だけだった**」を推測する。「その会社は彼を昇給させた**が**、彼は1か月後にやめた**だけだった**」と意味も通るので、**①が正解**。②、④は、gaveに合わせてhaveも動詞の過去形にする必要がある。③はso as to do「〜するために」なら形は合うが、いずれにしても意味が通らない。

総まとめ POINT **41**　不定詞の副詞的用法 結果用法	
only to do	〜したが、…しただけだった
never to do	〜して、二度と…しなかった
grow up to be	成長して〜になる
live to be	生きて〜（歳）になる
wake up to find oneself	目覚めたら〜とわかる

　通常「〜するために」と訳す不定詞の副詞的用法ですが、「…して、（その結果）〜」と訳すのが副詞的用法のうちの結果用法です。上の表の中でも、**only to do**が圧倒的によく出題されるので、必ずおさえておきましょう。

●8● 正解：③ 　　　　　　　　　　　　　　　　　　　　　　　　　　　　熟 語

訳：そのコンピューター会社は、より若い世代の人気を得るために、携帯ゲームに力を
入れ始めようとしている。

　空所の前のis aboutと③から、**be about to do**「〜しようとしている」を推測す
る。「そのコンピューター会社は、携帯ゲームに力を入れ始め**ようとしている**」と意
味も通るので、③**が正解**。

●9● 正解：③ 　　　　　　　　　　　　　　　　　　　　　　　　　　　　助動詞

訳：トムは、昔はよくゴルフをしたけれど、今はもはやそんなことはない。

　選択肢から、**be used to doing**「〜するのに慣れている」か**used to do**「以前
は〜した」の形になる②、③に正解の候補を絞る。「トムは、**昔はよくゴルフをした
けれど、今はもはやそんなことはない**」という**時の対比**の文脈を読んで、③**が正解**。
used to doが「**以前は〜した（けれど、今はしていない）**」という**時の対比**を表すこ
とをおさえておく。①は不定詞の副詞的用法を使ったbe used to do「〜するのに
利用される」だが、意味が通らない。

●10● 正解：④ 　　　　　　　　　　　　　　　　　　　　　　　　　　　　仮定法

訳：たとえ太陽が西から昇っても、この件に関しては、決して私の立場を変えることはな
い。

　主節にwouldが使われているので、**仮定法の表現**と判断する。**if節中にwere to
do**を使うと、**これから先の仮定**となり、特に本問の「太陽が西から昇ったら」とい
うようなありえない仮定にも使われることから、④**が正解**。①は過去完了にするなら
前に**had**が必要で、また後ろの**rise**ともつながらない。②は受動態にするのであれ
ば**be**動詞が足りない。③は仮定法の**if**節には使わない。

②

●1● 正解：⑤−④−①−③−② 　　　　　　　　　　　　　　　　　　　　　接続詞

完成した英文：**By the** (time they reached the summit), **they were exhausted.**

　空所の前のBy theと⑤から、**By the time 〜, SV.**「〜するときまでには、SがVす
る」を予測して、By the **time they reached the summit,** they were exhausted.
で完成。reachが他動詞である知識も重要なので、**reach O**「Oに到着する」をおさ
えておく。

●2● 正解：④−②−③−⑤−① 　　　　　　　　　　　　　　　　　　　受動態・分詞

完成した英文：**Passengers heading** (for the airport are required) **to change
trains at Shinagawa Station.**

訳：空港に向かう乗客は、品川駅で電車を乗りかえる必要がある。

空所の前のheadingと④から、**head for**「～に向かって進む」を推測する。②、③をforの目的語として続けて、Passengers heading **for the airport**まで完成させる。⑤、①と空所の後ろのto changeから、**be required to do**「～することが要求される」（＝「～する必要がある」）を推測して、Passengers heading **for the airport are required** to change trains at Shinagawa Station. で完成。heading for the airportがPassengersを後置修飾している表現であることをおさえておく。

■■ **3** ■ 正解：②－⑥－③－⑦－⑤－④－① 　　　　　　　　**不定詞**

完成した英文 ：It is so (nice of you to give me a present).

訳 ：私にプレゼントをくれるなんて、あなたは優しいね。

　空所の前のIt isと②、⑥、③、⑦、⑤から、**It is 形容詞 of 人 to do**. 「～するなんて 人 は 形容詞 だ」を推測して、It is so **nice of you to give**まで並べる。ofの後ろにmeを入れると「私が優しい」となり、意味が通らないのでyouを選ぶ。giveと④、①から、give O₁ O₂「O₁にO₂を与える」を予測して、**me a present**と続けて完成。It is so **nice of you to give me a present**. 「私にプレゼントをくれるなんて、あなたは優しいね」と意味も通る。

■■ **4** ■ 正解：④－②－③－①－⑤－⑥ 　　　　　　　　**仮定法**

完成した英文 ：(If only I were a fluent) speaker of English!

　「～さえしたらなあ」と④、②から If only ～. 「～さえしたらなあ」を推測する。仮定法の表現なので、動詞にwereを使って、**If only I were a fluent** speaker of English! で完成。be a fluent speaker of English で「英語の流暢な話者である」＝「英語を流暢に話す」の意味になることをおさえておく。

■■ **5** ■ 正解：④－③－②－①－⑤ 　　　　　　　　**関係詞**

完成した英文 ：His appearance is (different from what it was) five years ago.

　「～とは異なる」と、空所の前のis、④、③から **be different from**「～と異なる」を推測して、His appearance is **different from**まで並べる。「5年前（の彼の外見）」と②、①、⑤から **what S was [used to be] ～ years ago**「～年前のS」を推測して、**what it was** five years ago で完成。

3

■■ **1** ■ 正解：① ⇒ visited 　　　　　　　　**時　制**

訳 ：私は先週末、10年ぶりにナイアガラの滝を訪れた。

　last weekend「先週末」は過去の一点を指し、過去時制で使う表現。よって、①を**visited**にするのが正しい形。②のfallは、「滝」の意味では通常複数形で使うので問題ない。③、④はfor the first time in ～ years「～年ではじめて」＝「～年ぶりに」

の表現。

■ **正解：② ⇒ issues**　　　　　　　　　　　　　　　　　　　　名 詞

訳：多国籍企業をより厳しく規制することは、グローバリゼーションの主要な政治的、経済的問題の1つであるかもしれない。

　one of ~「~の1つ」では、~部分に複数名詞を使うので、②を **issues** にするのが正しい形。①は「~であるかもしれない」の意味。③は不定詞の名詞的用法で「規制すること」の意味で、形式主語 It に対する真主語。④は「より厳しく」の意味で問題ない。

■ **正解：③ ⇒ should**　　　　　　　　　　　　　　　　　　　助動詞

訳：私たちは時間通りに到着しなければならないので、すぐに出発する必要がある。だから、あなたは行く準備をするべきだ。ドアから出なければならない。急いで！

　should は助動詞なので、後ろに動詞の原形を置く必要がある。よって、③を **should** にするのが正しい形。①は need to do「~する必要がある」の need to、②も have to do「~しなければならない」の have to、④は「~しなければならない」で、問題ない表現。

■ **正解：② ⇒ careless a**　　　　　　　　　　　　　　　　　副 詞

訳：彼は手紙をとても不注意な方法で書いたので、彼女はそれを読むのを拒絶した。

　②の前の **so** は副詞なので、後ろに形容詞か副詞を続ける必要がある。よって、②を **careless a** にするのが正しい形。**so** 形容詞 冠詞 名詞 の語順をおさえておく。① in a ~ manner「~な方法で」、③は so ~ that ...「とても~なので…」の that、④は refuse to do「~することを拒絶する」の do に read が使われている表現。

■ **正解：③ ⇒ that**　　　　　　　　　　　　　　　　　　　　強 調

訳：幸せな暮らしとは、かなりの程度で静かな暮らしに違いない。というのも、真の喜びが生まれるのは、静かな雰囲気の中だけだからだ。

　for の後ろの it is から、強調構文の **it is A that ~.**「~なのは A だ」を推測する。「真の喜びが生まれるのは、静かな雰囲気の中だけだ」と意味も通るので、③を **that** にするのが正しい形。①は to a great extent で「かなりの程度」、②は接続詞で「というのは~だから」、④は「真の喜び」で問題のない表現。

D
A
Y

1
2
3
4
5
6
7
8
9
10
11
12
13
14
15
16
17
18
19
20

1

1 正解：①　　　　　　　　　　　　　　　　　　　　　動詞の語彙

訳：ジョージが髪型を変えたとき、クラスメイトのほとんどが、最初、彼だとわからなかった。

「髪型を変えたら、クラスメイトが**彼だと〜しなかった**」から、**recognize**「〜とわかる」が一番ふさわしいので、①が正解。**recognize** は「以前の経験からそれとわかる」という文脈で使われることをおさえておく。②「思い出させる」、③「比較する」、④「感動させる」の意味。

2 正解：④　　　　　　　　　　　　　　　　　　　　　　　関係詞

訳：子どもたちは親が出したものを何でも食べるべきだ。

空所の前後が「子どもは親が出す〜を食べるべきだ」となる。**whatever**「〜するものは何でも」を入れると意味が通るので、④が正解。①「それにもかかわらず」、③「方法」で意味が通らない。②は先行詞が必要。

3 正解：③　　　　　　　　　　　　　　　　　　　　　　　代名詞

訳：あなたの2人の娘のうち、1人はスポーツに夢中なのに、なぜもう1人はそうではないの？

空所の前の one of your two daughters から、「1人は〜で、**もう1人は**…」という文脈とわかるので、**最後に残った1人に対して使う**③ **the other** が正解。①は残りが複数いる場合、②は複数いる中の不特定の1人に使う。④は「他の」の意味の形容詞。

総まとめ POINT 42 anotherとotherの使い分け

another	残り複数あるうちの1つ
the other	残りの1つ（theは特定）
the others	残りの全部（theは特定＋複数形）
others	残りが複数あるうちの1部

　anotherとotherの区別です。ポイントは2つで、**特定できるか否か、単数か複数**かになります。**an は不特定、the は特定**という違いから、「残りが1つ」しかないなら特定できるので **the other**、「残りが複数あるうちの1つ」なら特定できないので**another**になります。**the others** は「残りが複数あるうちの全部」に使います。残り複数あって特定できない場合は **others** です。**A is one thing, and B is another.**「AとBとは別のことだ」や、**Some ~, and others ....**「〜するものもいれば、…するものもいる」といった慣用表現も頻出なので、おさえておきましょう。

4 正解：③　　　　　　　　　　　　　　　　　　　　　 前置詞

訳：私の友人のほとんどが、試験の準備をするのにギリギリまでずっと待っている。

　空所の前後で「ギリギリまで待っている」という文脈を読んで、③、④に正解の候補を絞る。**by は「〜までには」で完了する期限を表し、until は「〜までずっと」と継続の終点を表す**ので、③が正解。by は finish などの動詞、until は wait などの動詞と相性が良いことをおさえておく。

5 正解：③　　　　　　　　　　　　　　　　　 文型・動詞の語法

訳：子どもたちは、大きな風船が空中に昇っていくのを見て、喜ぶだろう。

　空所の前の see the big balloon から、see の第5文型を推測する。**see O C の O** が the big balloon で、「風船が上がる」と能動の関係なので、自動詞の③ **rise が正解**になる。O と能動の関係の場合、C には動詞の原形か doing が入る。①、②の raise は「〜を上げる」という意味の他動詞なので、空所で使うには受動の意味を表す過去分詞の raised にする必要がある。

6 正解：②　　　　　　　　　　　　　　　　　 動詞の語法・文型

訳：ほとんどの会社は、仕事の面接にビジネス用の服装をしてくることを期待するだろう。

　空所の前の expect から、**expect O to do「O が〜することを期待する」**を推測する。「ほとんどの会社は、仕事の面接にビジネス用の服装をしてくる**ことを期待する**だろう」と意味も通るので、②が正解。expect は他にも expect to do「〜することを期待する」や expect that の型もとるが、④は that you will wear などにする必要がある。

7 正解：④　　　　　　　　　　　　　　　　　　　　　　 時　制

訳：私が故郷に戻ったとき、ここ30年同じままだったと感じた。

　When I went back と for the last thirty years から、「**過去の一点を基準に、30年前からずっと同じだった**」ということなので、過去完了の④が正解。remain C「C のままである」は、通常①のような進行形では使わない。

8 正解：②　　　　　　　　　　　　　　　　　　　　　　 助動詞

訳：私の妹が子どもの頃、母は、よく本を読んであげたものだった。

　空所の後ろの often と②から、**would often「以前はよく〜した」**を推測する。「母は、私の妹が子どもの頃、**よく本を読んであげたもの**だった」と意味も通るので、②**が正解**。同じく過去の習慣を表す **used to do「以前はよく〜した」**もおさえておく。

9 正解：④ 　　　　　　　　　　　　　　　　　　　　　　`受動態`

訳：アメリカの建築家のフランク・ロイド・ライトによる8つの建物が、2019年にユネスコの世界遺産に認定された。

　空所の前のbyからWrightまでが前置詞句でEight buildingsを修飾するので、**Eight buildingsが主語の中心であることを把握する。これとselect「選ぶ」との関係は受動なので、①、④に正解の候補を絞る。主語は複数形なので、④が正解。**

10 正解：② 　　　　　　　　　　　　　　　　　　　　　`動詞の語法`

訳：彼は自分でその損害に対するお金を支払うと言い張った。

　空所の前のinsistedから、**insist on「～と言い張る」を推測して、②が正解。**他にも、insist thatで「～と言い張る」、「～と要求する」の意味になる。「要求」の意味で使われると、that節内は動詞の原形かshould ＋ 動詞の原形を使うこともおさえておく。

2

1 正解：⑦－⑥－④－⑤－③－②－① 　　　　　　　　　　　`助動詞`

完成した英文：I (used to drink several cups of coffee a day), but I'm trying to drink less.

訳：ベン：コーヒーを1杯いかがですか？
　　　アン：いいえ、大丈夫です。水だけいただきます。以前は1日数杯コーヒーを飲んでいましたが、減らすようにしています。

　⑦、⑥、④から、**used to do「以前はよく～した」を推測して、I used to drink**まで並べる。drinkの目的語にcoffeeを続けるが、a cup of「1杯の～」を変形させたseveral cups of「数杯の～」を前に付ける。a day「1日につき」を最後に置いて、**I used to drink several cups of coffee a day**で完成。

2 正解：③－④／⑥－①／②－⑤ 　　　　　　　　`関係詞・接続詞・受動態`

完成した英文：What (was strange) was (that the door) was (left open).

　「奇妙なのは」と空所の前のWhatから、**関係代名詞のwhatを推測して、What was strange was ～.まで並べる。「ドアが～ということだ」と⑥から、名詞節のthat「～ということ」を推測して、that the door was ～.まで並べる。**「ドアが開いていた」とwas、②、⑤から、**be left open「空いたままだ」を推測して、left open**を続けて完成。

3 正解：②－⑤－④－①－③ 【倒　置】

完成した英文：Little (did I dream of seeing) her here.

Little「少しも〜ない」が文頭に置かれているので、後ろに**倒置**（疑問文の語順）を予測して、**did I dream 〜.** まで完成させる。**dream of**「〜を夢見る」を推測して、**of seeing** her here で完成。

▶ 総まとめ POINT **43**	強制倒置が起こる否定の副詞

never ／ little ／ only ＋α

　強制倒置とは、否定の副詞が文頭に出ると倒置が起こるというルールです。**never**、**little**、**only ＋α** が文頭に出ると、後ろが疑問文の語順になります。only は、**only yesterday**「昨日になってようやく」や **only recently**「最近になってようやく」という形でよく使われるので、おさえておきましょう。

4 正解：④－⑤－②－③－① 【接続詞・倒置】

完成した英文：(No sooner had Jun arrived) here than he became sick.

　④、⑤から **no sooner A than B**「AするとすぐにB」を推測する。no sooner が文頭に出るとAは**倒置**が起こるので、**No sooner had Jun arrived** here than he became sick. で完成。

▶ 総まとめ POINT **44**	「AするとすぐにB」

no sooner A than B ／ hardly A when B ／ scarcely A before B

　「AするとすぐにB」では、3つの表現をおさえましょう。一番出題頻度が高いのが、**no sooner A than B** です。no sooner A when B とはしないので注意しましょう。続いて、**hardly A when [before] B**、**scarcely A before [when] B** です。no sooner、hardly、scarcely はすべて否定の副詞なので、文頭に置かれると4の問題のように後ろは倒置が起こることをおさえておきましょう。

5 正解：④－②－①－⑤－③ 【関係詞・不定詞】

完成した英文：The teacher said she would (give an A to whoever managed) to solve the difficult problem.

　空所の前の **would** は助動詞なので、後ろに動詞の原形の **give** を置く。**give O₁ O₂**「O₁にO₂を与える」では、①の置き場がないので、**give O₂ to O₁** の形で使い、**give an A to whoever managed** to solve the difficult problem と並べて完成。**whoever**「〜する人は誰でも」、**manage to do**「何とか〜できる」の表現をおさえておく。

3

━1━ **正解：④ ⇒ bored with** 　　　　　　　　　　　　　　　　　　　分 詞

訳：あなたが自分自身を改善しない限り、たとえ自分の仕事にうんざりしても、たぶん、同じ会社に留まることになるだろう。

　bore「退屈させる」から派生した形容詞にboringとboredがある。人を主語にとって「退屈する」と表現するときは、be boredとするので、**④をbored with**にするのが正しい形。①は「～しない限り」、②は**The chances [Chances] are (that) ~.**「たぶん～だろう」、③はbe stuck with「～から離れられない」の意味。

━2━ **正解：④ ⇒ or** 　　　　　　　　　　　　　　　　　　　　　　接続詞

訳：こんにちは。あなたは私のことを知らないだろうけれど、私はこれからご近所になる者なので、自己紹介させてください。でも、もしあなたが今忙しすぎるなら、今日のちほど、あるいは明日の朝にまたうかがいます。

　④を含む文は、「私は今日のちほどか、明日の朝戻ってこられる」と文脈を読んで、**later today**か**tomorrow morning**の二者択一と判断して、**④をor**にするのが正しい形。①は「しかし」、②はandが因果関係を表す「～なので」、③は「しかし」の意味で、問題のない表現。

━3━ **正解：④ ⇒ how to operate** 　　　　　　　　　　　　　　　　　不定詞

訳：19ページをご覧ください、リモコンの操作方法が書かれています。

　④は**how SV**「SがVする方法」にするか**how to do**「～する方法」にする必要がある。特に主語を置く文脈ではないので、**④をhow to operate**にするのが正しい形。「19ページをご覧ください、リモコンの操作**方法**が書かれています」と文の意味も通る。①「～してください」、②「～を見る」、③「そしてそれは示す」の意味で、問題のない表現。

▶総まとめ **POINT** **45** ┃ 疑問詞 to 不定詞

what to do	何を～すべきか
how to do	どのように～すべきか ＝ ～する方法
when to do	いつ～すべきか
which to do	どちらを～すべきか
where to do	どこで～すべきか

疑問詞 to 不定詞 では、すべてに**should**「～すべきだ」の意味が込められています。特に**what to do**「何を～すべきか」、と**how to do**「どのように～すべきか」＝「～する方法」が頻出なので、おさえておきましょう。

4 正解：② ⇒ have been 不定詞

訳：彼は若いとき、とても有名な野球選手だったと言われている。

　when he was young「彼が若かったとき」から、過去の話とわかる。主節の述語動詞はisで現在なので、1つ前の時制にするために**完了不定詞**を使って、**②を have been にする**のが正しい形。①はbe said to do「〜すると言われている」のsaid、③は「とても有名な」、④は「〜するとき」で、問題のない表現。

5 正解：④ ⇒ as immediately as possible 形容詞・副詞

訳：あなたは熱があって、顔がとても青白く見える。できる限り早く医者に行くべきだ。

　immediate「即座の」は形容詞で、通常後ろに名詞を置いて使用する。④は修飾する名詞がなく、動詞goを修飾するので、副詞に変える必要がある。よって、**④を as immediately as possible にする**のが正しい形。①「熱がある」、②「とても青ざめて見える」、③「行くべきだ」で問題のない表現。

D
A
Y

1
2
3
4
5
6
7
8
9
10
11
12
13
14
15
16
17
18
19
20

1

1 正解：②　　　　　　　　　　　　　　　　　　　　　　　　　接続詞

訳：クリスマスが来週に迫っている。私たちはそれまでに部屋の飾り付けが終わるかどうか疑問に思う。

空所の前の doubt から、**名詞節の if「〜かどうか」**を使った **doubt if「〜かどうか疑問に思う」**を推測する。「クリスマスが来週に迫っている。私たちはそれまでに部屋の飾り付けが終わる**かどうか**疑問に思う」と意味も通るので、②**が正解**。in time for「〜に間に合って」の熟語もおさえておく。

2 正解：④　　　　　　　　　　　　　　　　　　　　　　　　　動詞の語法

訳：戻ってきてから、会議の結果についてあなたに伝えるつもりだ。

空所の後ろの A about B と④から **tell A about B「B について A に話す」**を推測する。「戻ってきてから、**会議の結果についてあなたに伝える**つもりだ」と文の意味も通るので、④**が正解**。① talk、③ speak は基本は自動詞なので不適、② say は発言そのものや内容を目的語にとるので不適。

▶総まとめ POINT 46	tell の語法
tell O₁ O₂	O₁ に O₂ を伝える
tell O that	O に〜と伝える
tell O to do	O に〜するように言う
tell A about B	A に B について伝える

tell の語法は非常に多岐に渡るので、代表的なものを取り上げます。まずは、第4文型をとり、**tell O₁ O₂「O₁ に O₂ を伝える」**や O₂ に that 節が入る **tell O that「O に〜と伝える」**です。他には、**tell O to do「O に〜するように言う」**、**tell A about B「A に B について伝える」**も頻出なので、おさえておきましょう。

3 正解：④　　　　　　　　　　　　　　　　　　　　　　　　　関係詞

訳：私たちが知らないことは、私たちの体の構造が日々のパフォーマンスに与える影響の程度だ。

選択肢から関係詞の問題と判断する。空所の前の先行詞 the extent を空所の後ろの文に戻すと、our body structure affects daily performance **to the extent** になるのがわかるので、**to the extent を to which に換えて空所に持ってくる**。よって、④**が正解**。extent と to の相性が良いことをおさえておく。①は前置詞＋関係代名詞の形では使われない。②は先行詞とともに使わない。③は関係副詞なので前置詞とと

もに使わない。

4 正解：③ 分　詞

訳：通りを歩いていたとき、私の名前が呼ばれるのが聞こえた。

　空所の前の **heard my name** から、hearの第5文型 hear O C を推測する。**my name と選択肢の call「呼ぶ」の関係は受動の関係なので、過去分詞の③が正解。**①、②はOとCが能動の関係の場合に使う表現。④はhear O CのCでは使えない。

5 正解：② 形容詞

訳：ハワードはとても良い先生なので、すべての生徒が彼を好きだ。

　such は形容詞なので、後ろに名詞を置くことができる。よって、**such a good teacher** と並べて、②が正解。これに対して、soは副詞なので後ろに形容詞を置いて、so good a teacher の並びになることをおさえておく。

6 正解：③ 熟　語

訳：もう私は十分長く待った。宿題をやるのをもはや先延ばしにできないと思う。

　「十分に待った。**宿題をするのをもはや〜できない**」という文脈から、③ **put off「延期する」が正解。**postpone 1語に置き換えられることもおさえておく。①「調査する」、②「調べる」、④「〜についてよく考える」の意味。

7 正解：④ 分　詞

訳：カニンガムさんが結婚すると知ったのは驚きだ。

　It が形式主語で to know 以下が真主語。「カニンガムさんが結婚すると知ること」は、**感情の原因を表すので、能動の「驚かせる」の意味になる現在分詞の④が正解。**①は感情を抱く主体が主語の場合に使う。②、③のような表現はこの構文では使わない。

8 正解：① 動詞の語彙

訳：何かが発達する場合、ある期間を経て成長するか変化して、通常はより進歩したり、完全になったり厳密になったりする。

　空所の後ろの **grows「成長する」、becomes more advanced, complete「より進歩したり、完全になったり」**から、**develop「発達する」だと意味が通るので、①が正解。**②「定義する」、③「推論する」、④「決定する」の意味。

DAY
1
2
3
4
5
6
7
8
9
10
11
12
13
14
15
16
17
18
19
20

訳：金持ちがそうでない人よりもいつも幸せだと、人は信じる傾向にある。

　the ＋ 形容詞 で「〜な人々」の意味があるので、②、④に正解の候補を絞る。この表現は 形容詞 peopleと同義で複数扱いなので、②が正解。①、③のようには表現しない。

10 正解：④   時制・動詞の語法

訳：ケンはバービーと結婚して、30年以上になる。

　空所の後ろの for more than thirty yearsから、現在完了の③、④に正解の候補を絞る。「〜と結婚している」は be married toで表すので、④が正解。

総まとめ POINT 47 「結婚する」の語法	
marry O	Oと結婚する
get married to	〜と結婚する
be married to	〜と結婚している

　「結婚する」に関する表現も複数あるので注意が必要です。最初に、marryが他動詞でmarry Oという型をとることをおさえておきましょう。同じく「結婚する」という意味でget married toになります。「〜と結婚している」という状態はbe married toで表すので、おさえておきましょう。元々marry A to B「AをBに結婚させる」という表現が受動態になり、be married toが生まれて、beがgetに代わってget married toになりました。

2

1 正解：③－②－①－⑥／④－⑤   比　較

完成した英文：(Nothing is left so vividly) in our mind (as the impressions) we received in our younger days.

　「〜なほど…なものはない」と、③、①、④から、最上級相当表現のNothing is as [so] ～ as A.「Aほど〜なものはない」を推測して、Nothing is left so vividly in our mind as the impressions we received in our younger days.と並べて完成。the impressions we receivedでは 名詞 SVの並びになり、関係詞が省略されている。

総まとめ POINT 48 最上級相当表現	
Nothing is 比較級 than A.	Aより…なものはない。
No other ～ V 比較級 than A.	Aより…な他の〜はない。
S V 比較級 than any other ～ .	Sは他のどの〜よりも…。

　最上級相当表現は、大きく分けると① 主語に否定語 ＋ 原級or比較級、② thanの

後ろに**any**「どの〜」の2種類です。**主語に否定語**のパターンは、1の問題のように**Nothing**を置く場合と、**No other 〜**のパターンがあります。この表では比較級のみ表記していますが、as [so] 〜 asでも、近い意味になります。続いて、**than**の後に**any**がくるパターンです。**any other 〜** は「他のどの〜」という意味で、これに比較級を加えることで、意味は最上級になります。

━2━ 正解：③ー①ー④ー②ー⑤　　　接続詞・関係詞

完成した英文：(It seems that they don't understand what I) mean.

　「〜に見える」と③、①、④から、**It seems that 〜.**「〜に見える」を推測して、**It seems that they**まで並べる。theyに対応する動詞を**don't understand**と置いて、残った⑤を**what I** meanと並べて完成。関係代名詞の**what**「〜こと」が使われていることをおさえておく。

━3━ 正解：④ー②ー⑤ー①ー③　　　関係詞・動詞の語彙・接続詞

完成した英文：What (matters is whether you have) friends you can trust.

　「重要なのは〜だ」と空所の前のWhat、④から、**関係代名詞のwhat**と自動詞の**matter**「重要だ」を推測して、What **matters is**まで並べる。「信頼できる友人がいるかどうかという点だ」と⑤から、名詞節を作る**whether**「〜かどうか」を推測して、**whether you have** friends you can trustで完成。friends you can trustは 名詞 SVの並びから、関係詞の省略が起こっていることもおさえる。

━4━ 正解：②ー⑥ー①ー④ ／ ⑤ー③　　　熟語・分詞

完成した英文：(The population of this town has) almost doubled (compared to ten years ago).

　「この町の人口」と②、⑥、①から、**The population of this town**まで並べる。「ほぼ2倍に増えた」とalmost doubled、④から現在完了を使って、**has** almost doubleを続ける。「10年前と比べて」と⑤から、**compared to**「〜と比べて」を使って、**compared to ten years ago**で完成。

━5━ 正解：①ー⑤ー④ー③ー②　　　強　調

完成した英文：It was only after (a week that I heard) the sad news.

　「一週間もたってはじめて〜聞いた」と空所の前のIt was only after、④から、**強調構文のIt is A that 〜.**を推測する。It was only after **a week that I heard** the sad news.で完成。**It is only after A that B.** で、「AしてようやくB」の意味になることをおさえておく。

3

1 正解：① ⇒ even though（although、though も可） 　`接続詞`

訳：パブロは、スペイン語圏の国で育ち、アメリカに来る前には英語を勉強していなかったけれども、その言語を完璧に話す。

①の前後で、Pablo speaks、he grew up と **SV が 2 つある**ので、①を接続詞に**変える必要がある**。even if「たとえ〜でも」、even though「〜だけれども」の可能性があるが、「彼がスペイン語圏で育って、アメリカに来る前はその言語を勉強していなかった」と「今は英語を完璧に話せる」は**譲歩「〜だけれども」**の関係で接続できるので、①を **even though** にするのが正しい形。

2 正解：③ ⇒ on 　`前置詞`

訳：ジョーンズさんからスミスさんへのメモが、ダイニングテーブルの上にある。

There is a note、the dining table から、「ダイニングテーブル**の上に**メモがある」と文脈を読んで、テーブルとメモが【接触】していることから、③を **on** にするのが正しい形。①、②は There be 構文で主語が a note なので is で正しい。④「〜あての」、⑤「〜から」の意味で問題のない表現。

3 正解：① ⇒ major in 　`熟語`

訳：私は観光学を専攻している。卒業後は飛行機の客室乗務員になりたい。

major in は「〜を専攻する」という意味の熟語で「私は観光学を専攻している」と意味も通るので、①を **major in** にするのが正しい形。②「〜になりたい」、③「飛行機の客室乗務員」、④「卒業後」の意味。

4 正解：① ⇒ have 　`冠詞・SVの一致`

訳：弱者は 1 つの武器を持っている。それは自分が強いと思い込む過ちを犯さないことだ。

The weak は **the ＋ 形容詞**「〜な人々」の意味で、形容詞 people と同義で複数扱いする表現なので、①を **have** にするのが正しい形。②「〜の」、③ those who「〜する人々」、④「考える」の意味で、問題のない表現。

5 正解：③ ⇒ of the three 　`比　較`

訳：その王様は、王国の 3 人の王女の中で最も有能だと言われている第 3 王女のことが好きではなかった。

between は主に 2 つを対象に使われるので、③の表現がおかしいとわかる。③の前にある **the most competent** から、最上級の範囲を表す前置詞の **of** や **in** を推測する。the third princess は the three の一員なので of を使う。よって、③を **of the three** にするのが正しい形。① be said to do「〜すると言われている」の be に was が使われている、②「最も有能な」、④「その王国の」の意味で、問題のない表現。

DAY 12

1

━1 正解：③   動詞の語法

訳：彼らはすぐに出発しなければならないと、私たちに教えてくれた。

　　inform O that「**O に〜を知らせる**」から、③ **が正解**。① は受動態の been informed に 人 that と続けられない。② は to が不要。④ は受動態の been informed に to that とは続けられない。

▶総まとめ POINT **49**／ **SV A of B と SV O that をとる動詞**
① remind A of B ／ remind O that「思い出させる」
② inform A of B ／ inform O that「知らせる」
③ convince A of B ／ convince O that「納得させる」

　　総まとめ POINT **14** で紹介した **SV A of B** の型をとる動詞は、実は **SV O that** の型もとることができます。remind を見たら、**remind A of B**、**remind O that** の2つの型を出せるようにしておきましょう。inform、convince も同様です。

━2 正解：④   関係詞

訳：そのショーで私が最も感動したのは、小さい子どもたちによる演技だった。

　　（　　）impressed me most at the show「そのショーで最も私を感動させたもの」は「**〜こと[もの]**」**という名詞節**を作っているので、②、④ に正解の候補を絞る。that は後ろが完全文、what は後ろが不完全文のときに使うが、本問は impressed の主語が欠けている**不完全文**なので、④ **が正解**。①、③ は (代) 名詞なので SV が続くことになり、後ろの was の説明がつかなくなる。

━3 正解：④   分詞構文

訳：彼女の態度から判断すると、彼女は上機嫌ではない。

　　④ と空所の後ろの from から、分詞構文の慣用表現である **judging from**「**〜から判断すると**」を推測する。「彼女は、彼女の態度**から判断すると**、上機嫌ではない」と意味も通るので、④ **が正解**。

all things considered,	すべてを考慮すると
considering ~,	～を考慮すると
judging from ~,	～から判断すると
generally speaking,	一般的に言うと
weather permitting,	天気が良ければ

all things considered「すべてを考慮すると」は、all things が分詞の主語で、consider との関係を考えると「**すべてのことが考慮される**」と受動の関係なので、過去分詞の considered を使います。続いて、一般人を表す you などの主語が省略された **considering**「～を考慮すると」があります。

judging from「～から判断すると」は「見た目から判断すると」、「天気から判断すると」、といった文脈で使います。次に、**generally speaking**「**一般的に言うと**」です。最後に **weather permitting**「天気が許すなら」から「天気が良ければ」となった表現です。

---

4 正解：① 接続詞

訳：彼女はとてもおとなしいので、話しかけられない限り、自分からは話さない。

空所の後ろに she is spoken と **SV の文構造がある**ので、**接続詞の①** unless「～しない限り」を推測する。「彼女は話しかけられ**ない限り**、話さない」と意味も通るので、**①が正解**。②「～なしで」は前置詞なので後ろに SV を続けることはできない。③は「むしろ」の意味で副詞、④も「その代わりに」の意味の副詞で、2 つの SV をつなげることはできない。

---

5 正解：② 助動詞

訳：私は頭痛がする。むしろこのパーティーに行きたくない。

空所の前の I'd は I would の短縮形なので、選択肢から **would rather**「むしろ～したい」を推測する。「頭痛がするので、**むしろパーティーに行きたくない**」と文脈を読んで、否定表現にする。**would rather not do** の形になるので、**②が正解**。

---

6 正解：② 副詞

訳：「彼らは何時に屋根を修理しにやって来る予定ですか？」
「私たちはまだわかりません」

「彼らは何時に屋根を修理しにやって来る予定ですか」に対する返答で、「**まだわからない**」と文脈を読んで、**②が正解**。④の still も「まだ」の意味だが、not のような否定語の後では使わない。①の sure は形容詞なので、空所には入れられない。③は「すでに」の意味。

7 正解：④　　　　　　　　　　　　　　　　　　　　　　　　**不定詞・準動詞**

訳：メアリーはその場所を訪れたときにひどい風邪をひいたようだ。

　when she visited があるので、主節も過去時制を使いたいが、本問では seems と現在時制になっていることに注目する。不定詞で時制をずらす**完了不定詞（to have p.p.）**を推測する。「その場所を訪れたときに風邪を**ひいたようだ**」と意味も通るので、④が正解。seem to do「〜するようだ」の to do に完了不定詞が使われた形。主語の Mary と catch a bad cold「ひどい風邪をひく」は能動の関係なので、受動態の①は認められない。

8 正解：①　　　　　　　　　　　　　　　　　　　　　　　**動詞の語彙・動名詞**

訳：あなたは子どもたちに、電子書籍リーダーを与えることを避けるべきだ。研究によると、印刷された形で読むほうが、子どもたちは物語に没頭できるとわかっている。

　空所の後ろの giving と①から、動名詞を目的語にとる **avoid doing**「〜することを避ける」を推測する。「あなたは子どもたちに、電子書籍リーダーを与えることを**避ける**べきだ」と意味も通るので、①が正解。②は encourage O to do「Oに〜するように促す」、③は prevent O from doing「Oが〜するのを妨げる」、④は recommend doing の形でも使うが、「〜することをすすめる」の意味になり、2つ目の文との流れが合わない。

9 正解：①　　　　　　　　　　　　　　　　　　　　　　　　　　**比　較**

訳：このクラスでは、彼ほど速く本を読める人はいない。

　No one と so fast から、最上級相当表現の **No one V so [as] 〜 as A**.「Aほど〜な人はいない」を推測する。「このクラスで、彼ほど速く本を読める人はいない」と意味も通るので、①が正解。②は動詞か助動詞の可能性があるが、接続詞などがないと空所に置くことができない。③は後ろに主格の he だけを置くことができない。④は主に比較級の後で使う。

10 正解：③　　　　　　　　　　　　　　　　　　　　　　　　　**前置詞**

訳：日本のほとんどのコンビニは、夜の間ずっと開いている。

　「日本のほとんどのコンビニは、夜**の間ずっと**開いている」と文脈を読んで、③ **through**「〜の間中」が正解。**all through** the night「夜の間ずっと」のように、all を付けた強調表現をおさえておく。①は「〜までには」で完了する期限を表す。②はここでは意味をなさない。④は「〜以内で」の意味で、文の意味が通らない。

2

— 1— 正解：⑥－③－⑤ ／ ②－④－① 関係詞・動名詞

完成した英文：(No matter how) **seriously she tried to persuade me, I would** (**not stop gambling**).

「どんなに～しても」と、⑥、③、⑤から、**no matter** 疑問詞「たとえ～でも」を推測して、**No matter how** seriously she tried to persuade me, I wouldまで並べる。後半は空所の前のwouldと、⑥「ギャンブルをやめようとしなかった」から、**would not**「どうしても～しなかった」を推測して、I would **not stop gambling**. で完成。

総まとめ **POINT 51**	no matter 疑問詞
whoever = no matter who	たとえ誰が［を］～でも
whatever = no matter what	たとえ何が［を］～でも
whichever = no matter which	たとえどちらが［を］～でも
whenever = no matter when	たとえいつ～でも
wherever = no matter where	たとえどこで～でも
however = no matter how	たとえどれほど～でも

上から順に、**no matter who**「たとえ誰が［を］～でも」、**no matter what**「たとえ何が［を］～でも」、**no matter which**「たとえどちらが～でも」、**no matter when**「たとえいつ～でも」、**no matter where**「たとえどこで～でも」です。最後の**no matter how**は、たいていは後ろに形容詞（副詞）を置いて、「たとえどれほど～が 形容詞（副詞）…でも」のように使います。

— 2— 正解：⑤－①－④－②－③ 疑　問

完成した英文：(Who do you think left) this book?

⑤、①、④、②から、疑問詞 **do you think ~?** を推測して、**Who do you think left** this book?と並べて完成。日本語訳からわかるとおり、Yes、Noで答える疑問文ではないので、Do you think who ～?の形にはしない。

— 3— 正解：③－② ／ ④－① 比　較

完成した英文：The more you eat, (the more likely) you are (to have) heart disease.

「食べれば食べるほど」とThe more you eatから、**The** 比較級 ~, **the** 比較級 ….「～すればするほど、それだけますます…」を推測する。The more you eat, **the more likely** you areまで並べる。元々 **be likely to do**「～しそうだ」のlikelyが 比較級 になってthe more likelyと前に出たので、you are **to have** heart diseaseと並べて完成。

2

D
A
Y

1 →
2 →
3 →
4 →
5 →
6 →
7 →
8 →
9 →
10 →
11 →
12 →
13 →
14 →
15 →
16 →
17 →
18 →
19 →
20 →

総まとめ POINT 52 the 比較級

The 比較級 ~, the 比較級	~すればするほど、それだけますます…
the 比較級 of the two	2つの中で~なほう

比較級の前にtheが付く表現には、**The 比較級 ~, the 比較級 ....**「~すればする ほど、それだけますます…」があります。後ろのtheが重要で、「それだけ」の日本 語に相当して、前文を指します。品詞は指示副詞です。さらに、**the 比較級 of the two**「2つの中で~なほう」があります。theは本来1つに限定する役割なので、「~ なほう」と1つに限定できれば、theを比較級に付けても問題ありません。

4 正解：②-⑤-④-③-⑥／①　　　　　　　　　　熟語・接続詞・不定詞

完成した英文：**You** (are welcome to stay here as long as) **you** (want to).

「~してくださって結構です」と②、⑤、④から、**be welcome to do**「自由に~ してよい」を推測して、You **are welcome to** まで並べる。doには、①と③が候補 にあがるが、日本文から「~したいのを歓迎される」ではなくて「**ここにいる**のを歓 迎される」となるはずなので、**stay here** と続ける。「ここにいたいだけ」と⑥ **as long as**「~する限り」から、「あなたがここにいたいと望む限り」と読み換えて、 **as long as you want to** で完成。最後のtoは、代不定詞といって、to stay here を to 1語で置き換えた表現。

5 正解：④-②-③-①-⑤　　　　　　　　　　　　　　　不定詞

完成した英文：**Chris** (has an astonishing ability to memorize) **details.**

「クリスは~驚くべき能力がある」から、不定詞の形容詞的用法を使った **ability to do**「~する能力」を推測して、Chris **has an ability to memorize** details. と並 べる。「驚くべき能力」から、③を ability の前に置いて、Chris **has an astonishing ability to memorize** details. で完成。

3

1 正解：④ ⇒ got angry　　　　　　　　　　　　　　　時　制

訳：ゲストの誰も、スミスさんがその晩に怒ってパーティーを出て行った理由を理解でき なかった。

④の後ろのandは、**gets angry** と **left** を並列していて、文脈上も同じ時に連続し て起こったとわかるので、**時制を合わせて④を got angry にする**のが正しい形。過 去形にすれば、文の動詞の could understand とも時制がそろう。① none of「~ の誰も…ない」、②「~できた」、③「なぜ~か」の意味。

2 正解：③ ⇒ interesting 　　　　　　　　　　　　　　　　　　　　　　　　　　　　　　　　感情動詞の分詞

訳：あなたはブリスベンに行ったことがありますよね？　面白い都市でしょう？

　　③のinterestedは「興味を持たせられた」＝「興味を持つ」の意味なので、city「都市」を修飾する表現としてはふさわしくない。interest「興味を持たせる」を能動の意味で分詞にした **interesting**「興味を持たせるような」＝「面白い」にするのが正しい形。①はhave been to「～に行ったことがある」のbeen、②は現在完了の文に付ける付加疑問の形として問題ない。④もIt's ～の文に付ける付加疑問の形として問題ない。

3 正解：③ ⇒ has dramatically increased 　　　　　　　　　　　　　　　　　SVの一致

訳：あなたたち全員が知っているように、訪日外国人の数は、ここ5年で劇的に増えている。

　　the number of ～「～の数」はnumberに焦点があることから単数扱いをする。よって、これに対応する動詞部分の③を **has dramatically increased** にするのが正しい形。似た表現のa number of ～「いくつかの～、たくさんの～」は～に焦点がある表現で、複数扱いすることもおさえておく。①「あなたたち全員」、②「外国の訪問客」、④「ここ5年の間で」の意味で問題ない。

4 正解：④ ⇒ been 　　　　　　　　　　　　　　　　　　　　　　　　　　　　　　　　　　助動詞

訳：なりたかった自分になるのに、遅すぎることはない。

　　④は **might have p.p.**「～だったかもしれない」の一部と推測して、④を **been** にするのが正しい形。①、②はtoo ～ to ...「…するには～すぎる」を使った、It is never too late to become ～.「～になるのに遅すぎることは決してない」の表現。Itは時のit。③はwhat S be「現在のS」の応用でwhat S might have been「Sがなれたかもしれないもの」の意味。

5 正解：② ⇒ because of 　　　　　　　　　　　　　　　　　　　　　　　　　　　　　前置詞

訳：私たちのフライトは荷物係の不足が原因で遅れているので、会議に間に合うように到着できないだろう。

　　becauseは**従属接続詞なので、後ろにSVの文構造が必要**。ここでは後ろにはthe shortageと名詞のみで動詞がないので、②を前置詞の **because of** にするのが正しい形。①はdelay「遅らせる」を「遅れる」とするにはbe delayedの形にするので、正しい表現。③は「私たちは会議に間に合わないだろう」と予測しているのでwill notの短縮形のwon'tで問題ない。④は「間に合って」の意味で、後ろにforを置くとin time for「～に間に合って」となることもおさえておく。

D A Y 13

1

1 正解：② 　　　　　　　　　　　　　　　　　　　　　　　　　　　`関係詞`

訳：息を吸うのが気持ち良くて、リラックスした雰囲気を楽しめる熱帯の島に行けたらなあ。

　空所の後ろにSVの文構造があるので、前置詞扱いをする③「〜に従って」、④「〜のおかげで」は空所に入れられない。空所の後ろは**名詞が欠けていない完全文**なので、**関係副詞の②が正解**。①は関係代名詞なので、後ろが不完全文のときに使う。

2 正解：④ 　　　　　　　　　　　　　　　　　　　　　　　　　　　`分 詞`

訳：彼は昨日とても疲れていた。彼は家に戻ってからソファに座って、腕を組みながら眠った。

　空所の前のwithと選択肢から、**付帯状況のwith**を使った **with one's arms folded**「腕を組んだままで」を推測して、**④が正解**。似た表現の **with one's legs crossed**「脚を組んだままで」もおさえておく。腕の場合はfold「折りたたむ」、脚の場合はcross「交差させる」が使われることに注意する。

3 正解：① 　　　　　　　　　　　　　　　　　　　　　　　　　　`動詞の語彙`

訳：私は新しい学校の制服を買う余裕がなかった。それで、中古の制服で済ませた。

　後ろの文の「中古の制服で済ませた」という情報から、前の文を「新しい制服を買う余裕がなかった」と推測する。①が **cannot afford**「〜を買う余裕がない」の形になるので、正解。cannot afford to do「〜するお金の余裕がない」もおさえておく。②は「節約する、保護する」、③はdispose ofで「〜を処理する」、④は「再利用する」の意味。

4 正解：② 　　　　　　　　　　　　　　　　　　　　　　　　　　　`受動態`

訳：すべての従業員は、来週顧客サービスの研修に参加することが要求される。

　空所の前後のare、to attendと②から、**be required to do**「〜することが要求される」を推測する。「すべての従業員は、〜の研修に参加**することが要求される**」と意味も通るので、**②が正解**。

5 正解：② 　　　　　　　　　　　　　　　　　　　　　　　　　　　`接続詞`

訳：インターネットは、私たちの生活でとても重要な役割を果たしているので、それなしの未来は想像できない。

空所の後ろのthatから、**so ~ that ....、such ~ that ...**「とても～なので…」を推測する。**so**は後ろに形容詞・副詞、**such**は後ろに名詞を置くことを踏まえて、本問ではsignificant「重要な」という形容詞があるので、②が正解。

6 正解：②　　　　　　　　　　　　　　　　　　　　　接続詞

訳：トモコは自分の兄に、一緒に夕食に行きたいかどうかを尋ねた。

　空所の後ろの**or not**から、**whether ~ or not**「～かどうか」を推測する。「トモコは自分の兄に、一緒に夕食に行きたい**かどうか**を尋ねた」で意味も通るので、②が正解。①「いつ～か」、③「どちらを［が］～か」、④「なぜ～か」の意味。

7 正解：③　　　　　　　　　　　　　　　　　　　　　前置詞

訳：彼はミュージシャンになるという夢を実現させた。

　空所の前の**his dream**の具体的内容が**becoming a musician**であることをおさえて、③から**同格のof**「～という」を推測する。「ミュージシャンになる**という**彼の夢」と意味も通るので、③が正解。①「～のために」、②「～の中で」、④「～と一緒に」の意味。

8 正解：④　　　　　　　　　　　　　　　　　　　　　熟　語

訳：学生サービスネットにログインしてください。あなたは出席記録をつけるだけでなく、授業登録もできる。

　空所の前後の**register classes**「授業に登録する」と**keep track of your attendance**「あなたの出席記録をつける」が並列構造なので、④から**B as well as A**「AだけでなくBも」を推測する。「あなたは、出席記録をつける**だけでなく**授業登録もできる」と意味も通るので、④が正解。①「～する限り」、②「たった～」、③「～も」の意味。

9 正解：④　　　　　　　　　　　　　　　　　　　　　熟　語

訳：タケシは広告代理店で働いている。彼は今、新しい広告キャンペーンに取り組んでいる。

　選択肢のいずれも前置詞の**on**を後ろにとる熟語だが、目的語が「新しい広告キャンペーン」なので**work on**「取り組む」を進行形にした④が正解。① brush onで「～をブラシで塗る」、② rely onで「～に頼る」、③ try onで「～を試着する」の意味。

10 正解：①　　　　　　　　　　　　　　　　　　　　　動名詞

訳：未来に何が起こるかわからない。

　空所の前のThere is noから、**There is no doing ~ .**「～できない」を推測して、①、②に正解の候補を絞る。「未来に何が起こるかを利用できない」では意味が通ら

ないので、「未来に何が起こるか**わからない**」になる①が**正解**。元々 There is no way of doing 〜 . 「〜する方法はまったくない」＝「〜できない」から way of がとれた表現。

2

▶━ **1** ━　正解：⑥－②－④－⑤－①－③　　　　　　　　　　　　接続詞・不定詞

完成した英文：I wonder (if it would be all right to visit you) tomorrow evening.

　空所の前の wonder と⑥から、**wonder if**「〜かどうか疑問に思う」を推測する。if 節の SV を探すと、③－④から⑤の接続を考えるが、②の置き場がなくなる。**That's all right**.「それで大丈夫」の表現からわかる通り、通常 all right は It や That を主語にとるので、**it would be all right** と並べる。it を形式主語ととらえて、真主語となる不定詞を続けて、**to visit you** tomorrow evening で完成。

▶━ **2** ━　正解：④－①－⑤－③－②　　　　　　　　　　　　　　　関係詞

完成した英文：She gave (what little money she had) to the old man.

　「なけなしのお金」と④、①、⑤から、**what little money S have**「Sのなけなしのお金」を推測して、**what little money she had** と並べて完成。

▶総まとめ **POINT 53**	what の重要表現
what S is [am、are]	現在のS
what S was [were、used to be]	過去のS
what is 比較級	さらに〜ことに
what is called	いわゆる

　what S is の応用で、**what S was** [were、used to be]「過去のS」という表現があります。「〜年前のS」とするには、**what S was 〜 years ago** とします。続いて、**what is** 比較級「さらに〜ことに」です。**what is more**「さらに良いことに」、**what is more important**「さらに重要なことに」、**what is worse**「さらに悪いことに」などがあります。最後が **what is called**「いわゆる」です。他にも what you call、what we call、what they call が同じ意味なので、おさえておきましょう。

▶━ **3** ━　正解：①－⑤－⑦－⑥－③－②－④　　　　　　　　　　文型・分詞

完成した英文：(I heard my name called from a) distance.

　「自分の名前が呼ばれるのを聞きました」と⑤から、**hear O C**「OがCするのが聞こえる」を推測して、**I heard my name called** まで並べる。最後に「遠くから」を表す **from a** distance と並べて完成。

4 正解：⑤−①−②−③−④−⑥ 文型・接続詞

完成した英文：(The teacher asked Tom if Mary was) in the classroom.

「その先生はトムに〜かどうか尋ねた」と文の骨格を見抜いて、①から **ask O₁ O₂** 「O₁にO₂を尋ねる」と、③から**名詞節のif**「〜かどうか」を推測する。**The teacher asked Tom if** 〜.まで並べる。「メアリーが教室にいたかどうか」から、**Mary was** in the classroomと並べて完成。

5 正解：③−④−①−⑤−② 分詞構文・文型

完成した英文：(Seeing the band walk onto) the stage, the audience began to cheer.

「〜を見て、観客は歓声をあげた」と③から、**Seeing** 〜, the audience began to cheer.と分詞構文を推測する。「バンドがステージに上がるのを見て」から、see O C「OがCするのを見る」を推測して、**Seeing the band walk onto** the stage, 〜.で完成させる。seeの第5文型のCに動詞の原形が使われている表現。

3

1 正解：② ⇒ must have dropped 助動詞

訳：今、財布を探している。それをこの辺りのどこかに落としたに違いない。もし見つけたら、私に知らせてください。

最初の文で「財布を探している」とあるので、「落としたに違いない」という内容を類推する。②を、**must have p.p.**「〜したに違いない」の形になる、**must have dropped**にするのが正しい形。①「〜を探して」、③「私に知らせる」、④「それ（財布）を見つける」の意味で問題ない。

2 正解：② ⇒ had 接続詞

訳：あなたはステラとデニスがひどい口論をして、今、お互いに口をきいていないことを聞きましたか？

①を含んだhear that 〜「〜を聞く」のthatは**接続詞のthat**なので、〜には**SV**の**文構造**が必要になる。よって、②を**had**にするのが正しい形。andの後ろで「今、お互いに口をきいていない」とあることからも、過去形の**had**にする。③、④は現在進行形の表現で問題ない。文の時制は過去だが、現在の状況を述べているため、例外的に時制が一致しなくても許容される。

3 正解：① ⇒ are planning to SVの一致

訳：タロウと私は今年の夏、一緒にアメリカに行く計画を立てている。

主語がTaro and Iで複数扱いなので、①を **are planning to** にするのが正しい形。

②「アメリカに行く」、③「一緒に」、④「今年の夏」で問題のない表現。

4 正解：③ ⇒ should など 助動詞

訳：天気予報によると雨が降るだろうとのことなので、私たちの予約を取り消すために、あなたはホテルに電話すべきだ。

had は、過去完了ならば後ろは p.p.、「〜しなければならなかった」とするのであれば後ろは to do となり、この文のように後ろに動詞の原形を置く用法はない。「天気予報によると、雨が降るだろうとのことなので、私たちの予約を取り消すために、あなたはホテルに電話すべきだ」と文脈を読んで、**③を should「〜すべきだ」などにする**のが正しい形。①「〜を伝える」、②「〜だろう」、④は不定詞の副詞的用法で「取り消すために」、⑤「私たちの」の意味で問題のない表現。

5 正解：② ⇒ she had been 疑問・時制

訳：彼は3年ぶりにメアリーと会ったとき、彼女にどうしていたかを尋ねた。

ask の第4文型で、how 〜 been が O_2 にあたると判断する。疑問文が文中でSやOで使われる**間接疑問**では、**倒置しないで通常の語順**で表す。「3年ぶりに会った」時点が過去で、それまでのことを尋ねているので過去完了形にする。よって、**②を she had been にする**のが正しい形。①は疑問詞の how で「どのように〜」、③、④は for the first time in 〜 years で「〜年ではじめて」＝「〜年ぶりに」の表現。

DAY 14

1

1 正解：③

訳：ジェニーはその崖を登ろうとしたが、それはとても難しいとわかった。

　空所の後ろはfoundからfind O C「OがCとわかる」を推測するが、Oが欠けている**不完全文**になっている。よって、**関係代名詞の**③ **which**が正解。先行詞はto climb up the cliff「その崖を登ること」で、名詞に加えて句や節を先行詞にとることができるのがカンマ＋whichの特徴の1つであることをおさえておく。①、②、④は後ろが完全文のときに使う。

2 正解：①

訳：同じゲームを何度も何度もした後に、グレッグはそれに飽きてしまった。

　「同じゲームを何度もした」から、「それに**飽きてしまった**」と類推できるので、boreをgetを使った受動態にした、**get bored with**「〜に飽きる」になる①が正解。②は「〜を意識して」、③はget tired fromであれば「〜に疲れる」、get tired ofであれば「〜にうんざりする」の意味になる。④はget through「〜を切り抜ける」の用法はあるが、upを後ろに続けて使わない。

3 正解：④

訳：グレイの演奏は、どこで行われようとも、大勢の観衆を引き付ける。

　「グレイの演奏は大勢の観衆を〜」から、④ **attract**「引き付ける」が正解。①「捕まえる」、②はappeal toで「〜に訴える」、③「招待する」の意味。

総まとめ POINT 54 / -tractの語彙のまとめ

-tractの動詞	意　味	覚え方
attract	引き付ける	at「〜のほうに」＋ -tract「引く」＝「引き付ける」
distract	（気を）そらす	dis「離れて」＋ -tract「引く」＝「（気持ちを）そらす」
contract	契約	con「一緒に」＋ -tract「引く」＝「契約」

　語尾が-tractの語彙をまとめます。**attract**はat「〜のほうに」＋ -tract「引く」＝「引き付ける」で、興味や関心を集める文脈で使います。一方、**distract**はdis「離れて」＋ -tract「引く」＝「（気持ちを）そらす」の意味です。**contract**は、con「一緒に」＋ -tract「引く」＝「契約」になります。

4 正解：③ 　　　　　　　　　　　　　　　　　　　　　　　　　　　`比　較`

訳：彼女が有名になればなるほど、それだけ彼女たちはお互いに会わなくなった。

　空所の前の The more famous から、**The** `比較級` **~, the** `比較級` **....**「～すれば するほど、それだけますます…」を推測する。「彼女が有名に**なればなるほど、それ だけ彼女たちはお互いに会わなくなった**」と意味が通るので、③が正解。

5 正解：④ 　　　　　　　　　　　　　　　　　　　　　　　　　`感情動詞の分詞`

訳：その新しい本は、とても感動的だとわかった。

　move は「感動させる」の意味で、感情動詞であることを確認する。主語は The new book で感情を生み出す原因にあたり、**能動の意味の現在分詞 moving**「感動さ せるような」＝「感動的な」を使うので、④が正解。③は感情を抱く主体が主語のと きに使う。②は動詞もしくは名詞だが、いずれも正しい英文を作れない。①は「動か せる」の意味。

6 正解：② 　　　　　　　　　　　　　　　　　　　　　　　　　　　`熟　語`

訳：長く考えた後に、彼は両方の側にとって理想的な解決策を思いついた。

　空所の後ろの up with と①、②から、**catch up with**「～に追いつく」か **come up with**「～を思いつく」のどちらかを推測する。目的語が the ideal solution「理 想的な解決策」であることから、come up with がふさわしいので、②が正解。

総まとめ **POINT 55**	V up with の重要熟語	
V up with の熟語	**意　味**	**覚え方や特徴**
come up with	～を思いつく	考えに**接近**してくる
catch up with	～に追いつく	**接近**してつかまえる
keep up with	～に遅れずについていく	**接近**して距離を保つ
put up with	～に我慢する	stand、endure、tolerate と同義

　come up with、**catch up with**、**keep up with** はいずれも【接近】の up です。 **come up with** は「考えに接近してくる」＝「思いつく」で、**catch up with** は「接 近してつかまえる」＝「～に追いつく」で、**keep up with** は「接近してその距離を 維持する」＝「遅れずについていく」です。最後の **put up with** は stand、 endure、tolerate などに置き換えが可能な「我慢する」になります。

7 正解：④ 　　　　　　　　　　　　　　　　　　　　　　　　　　　`前置詞`

訳：ビリーに加えて、バスの中に他に 3 人いた。

　選択肢から、「ビリー**に加えて**、バスの中に他に 3 人いた」と文脈を読んで、空所 の後ろに Billy という名詞があるので、前置詞の④ **Besides**「～に加えて」が正解。 ②は In addition to「～に加えて」なら正解になる。①は「同様に」の意味で、文末

などで副詞として使う。③は「同様に」の意味で同じく副詞なので、名詞の前では使わない。

8 正解：①

訳：何か質問があったら、私に電話してください。

　空所の後ろにyou haveとSVの文構造があるが、接続詞の③「～間」、④「～であろうと…であろうと」では意味が通らない。①を使うと、**if you should have any questions**「質問があるなら」のifをとって倒置した**should you have any questions**になるので、①**が正解**。仮定法のif節では、このようなifの省略が可能である。②にはこのような用法がない。

9 正解：④

訳：かつて偉大な女王が暮らしていた。

　空所の後ろのa great queenとlivedにSVの文構造が成り立つことに注目する。SVが倒置したThere be 構文のbe動詞がliveに代わった英文を推測して、④**が正解**。**There lived ~.** で「～が暮らしていた」の表現。liveは基本は自動詞なので、①、②、③は使えない。

10 正解：③

訳：そのアナウンスによると、私たちはその肉を食べるべきではないということだった。あなたはそれに注意を払うべきだったのに。

　空所の後ろのattention toから、**pay attention to**「～に注意を払う」を推測して、③**が正解**。should have p.p.「～すべきだったのに」の形になっている点もおさえておく。

2

1 正解：⑥－②－⑤－①－③－④

完成した英文：**Learning** (requires not only excellent brains but also) **endurance.**

　②、⑤、④から**not only A but also B**「AだけでなくBも」を推測する。「素晴らしい頭脳のみならず忍耐も」から、**not only excellent brains but also** endurance と並べる。残った⑥ requiresはLearningの後ろにVとして置いて、完成。

2 正解：④－②－①－⑤－③

完成した英文：**The traditional American breakfast isn't as** (popular as it used to) **be.**

訳：伝統的なアメリカの朝食は、以前ほど人気ではない。

空所の前のisn't asと②から、not **as ~ as** ...「…ほど~ない」を推測して、The traditional American breakfast isn't as **popular as**まで並べる。⑤、③から **used to do**「以前は~した」を推測して、**it used to** be.と並べて完成。itはThe traditional American breakfastを受けて、used to beで「以前の状態」の意味。

3 ━ 正解：②-⑥-①-④-⑤-③

完成した英文：I saw (Tom enter the room with his hat) on.

「トムが~部屋に入るのを見た」と空所の前のsawから、**see O C**「OがCするのを見る」を推測して、I saw **Tom enter the room**まで並べる。「帽子をかぶったまま」と④から、**付帯状況のwith**を推測して、**with his hat** onで完成。このonは副詞で「身に着けて」の意味。

4 ━ 正解：②-⑥-⑤-④-⑦-③-⑧-①

時制

完成した英文：By the (end of May I will have written all) the reports.

「5月の終わりまでには」から、By the **end of May**まで並べる。未来の一点で、ある行為が完了している内容なので、未来完了の**will have p.p.**を推測して、**I will have written all** the reports. で完成。

5 ━ 正解：③-①／②／④

比較

完成した英文：The air conditioner (cost around) three times (as much) as I (expected), so I decided not to buy it.

「約3倍の価格だった」とthree times、asから、**倍数表現** as ~ as A「Aの…倍~」を推測して、The air conditioner **cost around** three times **as much** as Iまで並べる。aroundが「約」の意味で使われている。「私が思っていた」から④ **expected**を最後に置いて完成。

3

1 ━ 正解：①⇒ My company has been

時制

訳：私の会社は昨年からずっと、とても忙しい。私は2か月間休日がない。今、ひどく疲れている。

最初の文のsince last year「昨年からずっと」に着目する。「昨年から現在までずっと忙しい」と文脈を読んで、**現在完了**を推測する。①を**My company has been**にするのが正しい形。②「休日」の意味で、someが否定文でanyになった形。複数形で問題ない。③「2か月」、④「ひどく疲れて」の意味。exhaust「疲れさせる」なので、人を主語にして「ひどく疲れている」はbe exhaustedとする。

D
A
Y

1
2
3
4
5
6
7
8
9
10
11
12
13
14
15
16
17
18
19
20

2 正解：① ⇒ advice 名詞

訳：ソクラテスは言う。私のあなたへの助言は、結婚することだ。もしあなたが良い妻を見つけるなら、幸せになるだろう。もしそうでないなら、哲学者になるだろう。

所有格myの後ろには名詞を置く必要がある。**advise「助言する」が動詞**で**advice「助言」が名詞**なので、**①をadviceにする**のが正しい形。②、③はget married「結婚する」という意味で、補語で使われるto doのtoは省略されることもあるので問題ない。④はif you find a good wifeを受けてif you don't find a good wife「良い妻を見つけないなら」の意味。

総まとめ POINT **56** 動詞と名詞のスペリングが似ている単語	
advise「助言する」	**advice**「助言」
affect「影響する」	**effect**「効果」
weigh「重さがある」	**weight**「重さ」

スペリングが似ていて、品詞や意味が異なる単語を紹介します。まずは、**advise**が動詞で「助言する」。発音は【アドヴァイズ】とsがにごる音になります。名詞は**advice**「助言」で、発音は【アドヴァイス】とcがにごらない音になります。続いて、**affect**が動詞で「影響する」、名詞が**effect**で「影響、効果」の意味です。最後が、**weigh**が動詞で「重さがある」、**weight**が名詞で「重さ」の意味です。

3 正解：② ⇒ made us imagine 文型

訳：そのテレビ番組のおかげで、私たちはスマートフォンがなかったら、自分たちの生活がどうなるかを想像できた。

makeはmake O to doの型をとらずに、**make O do「Oに～させる」の型をとる**ので、**②をmade us imagineにする**のが正しい形。①は「そのテレビ番組」、③は**what S is like**「Sはどのようなものか」が、**what S would be like**「Sはどのようなものになるだろうか」になった表現、④は「スマートフォンがなかったら」で問題のない表現。

4 正解：② ⇒ to 不定詞

訳：この授業を選択するつもりの人たちは、自分の名前をここに書かなければならない。

前置詞の後ろは名詞や動名詞でなければいけないので、②のfor takeという形は認められない。②の前のplanから、**plan to do「～するつもりだ」**を推測する。「この授業を選択する**つもり**の人たち」と意味も通るので、**②をtoにする**のが正しい形。①は those who「～する人々」のwho、③は「この」、④は「書く」、⑤はthoseを受ける代名詞theyの所有格theirで問題のない表現。

5 正解： ① ⇒ Whether on the street or field   接続詞

訳： 道端であろうと野原であろうと、子どもたちは遊ぶ方法を見つける。しかし、特にその遊びがはじめての人がいるときは、遊びをまとめることは簡単な問題ではない。

whether は **whether A or B** や **whether ~ or not** のように、or とセットでよく使うので、①を **Whether on the street or field** にするのが正しい形。「道端であろうと野原であろうと、子どもたちは遊ぶ方法を見つける」と意味も通る。②は Organizing play と動名詞の主語なので単数扱いで、is not a simple (matter)「簡単な（問題）ではない」で受けて問題ない。③は「特に～場合」、④は if 節の主語は new-comers で複数名詞なので、動詞を are で受ける形で問題ない。

DAY 15

1

1 正解：④

訳：私が困っていたとき、見知らぬ人が親切にも、そのとき持っていたなけなしのお金を私にくれた。

　空所の後ろの money と④から、**what little money** S have「Sのなけなしのお金」を推測する。「見知らぬ人が親切にも、そのとき**持っていたなけなしのお金**を私にくれた」と意味も通るので、**④が正解**。①は、money には much を使う。②は of と whose は連続して使わない。③は直後の money につながらない。

2 正解：③

訳：明日、レストランの予約をすることを私に思い出させてください。

　空所の前の remind me から、**remind A of B**「AにBを思い出させる」を予測するが、選択肢に of B の表現がないので、予測を修正する。③から、**remind O to do**「Oに〜することを思い出させる」が思い浮かべば、**③が正解**と判断できる。他の選択肢は remind O の後ろに続けることができない。

総まとめ POINT **57** remind の語法	
remind A of B	AにBを思い出させる
remind O that	Oに〜を思い出させる
remind O to do	Oに〜することを思い出させる

　remind を見たら、後ろの **A of B**、**O that**、**O to do** の型を予測します。それぞれ「AにBを思い出させる」、「Oに〜を思い出させる」、「Oに〜することを思い出させる」の意味になるので、おさえておきましょう。

3 正解：②

訳：私は英語のレッスンを欠席した。次に出席するとき、クラスの残りの人に置いて行かれたように感じるだろう。

　空所の前の left と②から、**leave O behind**「Oを後に残す」を推測する。「私は英語のレッスンを欠席した。〜、クラスの残りの人に**置いて行かれた**ように感じるだろう」と意味も通るので、**②が正解**。③は leave O alone「Oを一人にする」の意味だが、本人が欠席しただけで一人にされるわけではないので、意味が通らない。

4 正解：①　　　　　　　　　　　　　　　　　　　　動詞の語彙

訳：定期的に強い日光にさらされることは、皮膚がんを引き起こすかもしれない。

　①を入れると be ~ exposed to ... で「…にさらされる」という意味になり、「日光に定期的に**さらされる**ことは、皮膚がんを引き起こすかもしれない」と意味が通るので、①**が正解**。②は原形がimposeで「（義務などを）課す」、③は原形がopposeで「反対する」、④は原形がreposeで「置く」の意味。

総まとめ POINT 58 / -pose の動詞

expose「さらす」／ **impose**「（義務などを）課す」／ **oppose**「反対する」
dispose「処理する」

　-poseの単語を整理します。**expose** は ex「外に」 + -pose「置く」=「さらす」、**impose** は im「（心の）中に」 + -pose「置く」=「（義務などを）課す」、**oppose** は op（= against）「〜に対して」 + -pose「置く」=「反対する」、**dispose** は dis「離れて」 + -pose「置く」=「処理する」と、語源からおさえておきましょう。

5 正解：③　　　　　　　　　　　　　　　　　　　　　　熟　語

訳：「あなたがその花瓶を割ったの？」「ごめんなさい、でも、わざとやったわけではない」

　「あなたが花瓶を割ったの？」という問いかけに対して、謝罪したうえで「でも…」と続けているので、弁明になる表現を推測する。③ **on purpose**「わざと」を使うと、「**わざと**したのではない」と文の意味が通るので、③**が正解**。①「生まれつき」、②「困って」、④「時々」の意味。

総まとめ POINT 59 / 「偶然」⇔「故意に」の熟語

on purpose（= deliberately、intentionally）「故意に」
by chance ／ **by accident**（= accidentally）「偶然」

　「故意に」⇔「偶然」を意味する熟語を置き換え可能な語と共にまとめます。**on purpose** は、根拠のon「〜に基づいて」 + **purpose**「目的」=「目的に基づいて」=「故意に、わざと」になります。**deliberately**、**intentionally** に置き換えることが可能です。反対が **by chance**「偶然」になります。**by accident** としても同じ意味で、こちらも **accidentally** に置き換えることが可能です。

6 正解：②　　　　　　　　　　　　　　　　　　　　　前置詞

訳：クレイグは雨の日を除いて毎日、近所にジョギングに行く。

　空所の前後で「雨の日を〜毎日ジョギングに行く」という文なので、**except**「〜を除いて」を入れると意味が通る。よって、②**が正解**。①「〜の間に」、③「〜を越えて」、④「〜の上で」の意味。

7 正解：②　　　　　　　　　　　　　　　　　　　　　　　 仮定法

訳：もし私がもっと信頼できる車を持っていたら、飛行機ではなく車で北海道に行くだろう。

　主節の動詞 would drive から、**仮定法過去**と判断する。if 節に入る形として、過去形の②が正解。仮定法過去完了は if 節に過去完了、主節に助動詞の過去形＋ **have p.p.** を入れることもおさえておく。

8 正解：④　　　　　　　　　　　　　　　　　　　　　　　動名詞

訳：政府は、年間4,000万人の外国人観光客を引き寄せる目標を掲げ(かか)ている。

　前置詞 of の後ろは名詞か動名詞がくるので、③、④に正解の候補を絞る。空所の後ろに 40 million annual foreign visitors と目的語があるので、**動名詞の④が正解**。③の後ろに名詞を並べることはできない。なお、この of は同格の of で、attracting 以下が a target の具体的内容である。

9 正解：④　　　　　　　　　　　　　　　　　　　　　　　受動態

訳：私は昨日公園で、高齢の男性に話しかけられた。

　空所の前の was と選択肢から、**speak to「～に話しかける」の受動態である be spoken to by「～に話しかけられる」**を推測する。「私は昨日公園で、高齢の男性に話しかけられた」と意味も通るので、**④が正解**。①は to by、②は by、③は to がそれぞれ足りない。

総まとめ POINT **60**	群動詞の受動態
群動詞	群動詞の受動態と意味
speak to	be spoken to by「～に話しかけられる」
laugh at	be laughed at by「～に笑われる」
take care of	be taken care of by「～に世話される」

　2語以上で1つの動詞とみなす群動詞といわれるものがあります。群動詞の受動態では前置詞を忘れないようにするのが重要です。「～に話しかける」は speak to で、受動態にしても to を忘れずに、**be spoken to by ~「～に話しかけられる」**とします。「～を笑う」は、laugh at と前置詞の at を使います。受動態の「～に笑われる」は **be laughed at by** とします。「～の世話をする」は take care of で、受動態にしても of を忘れないようにしましょう。「～に世話される」は、**be taken care of by ~** となります。

10 正解：②　　　　　　　　　　　　　　　　　　　　　　　動名詞

訳：ホットコーヒーを一杯飲みに行くのはどうですか?

　空所の前の What do you say to から、**What do you say to doing?「～するの

はどうですか？」という勧誘表現を推測して、②が正解。「～することに対してあなたは何（YesかNo）を言いますか？」＝「～するのはどうですか？」となった表現。to は前置詞なので後ろは名詞か動名詞を置く。④の完了動名詞は時制が前にずれる場合に使うが、本問ではずれていない。

2

1 正解： ⑥-①-⑤-③-② / ④　　　　　　　　　　　　　分詞構文

完成した英文：(Having been printed in haste), (this) **paper has many misprints.**

「～印刷されたので」と⑥、①、⑤から、分詞構文の完了形を推測して、**Having been printed** まで並べる。「急いで」は **in haste** で表し、主節の主語に this paper を置くので、**in haste, this** paper has many misprints. で完成。

2 正解： ③-①-⑤-②-④　　　　　　　　　　　　　　　否定・接続詞

完成した英文：It (remains to be seen whether) **this approach will improve the situation.**

「いまだ不明だ」と、③、①、⑤、②から、**remain to be p.p.**「まだ～されていない」を推測して、It **remains to be seen** まで並べる。形式主語の it を受けて名詞節の **whether**「～かどうか」を続けて完成。

総まとめ POINT 61	notを使わない否定表現
remain to be p.p.	まだ～されていない
far from	決して～ない
by no means	
anything but	

notを使わずに否定の意味を表す表現を見ていきます。**remain to be p.p.** は「～されるべきものとして残っている」＝「まだ～されていない」の意味になります。**far from** は「～からほど遠い」＝「決して～ない」になります。**by no means** は、means が名詞で「手段」なので「どんな手段を使っても～できない」＝「決して～ない」になります。最後の **anything but** は、前置詞の but「～以外」＋ anything「何でも」＝「～以外何でもよい」＝「決して～ない」になります。

3 正解： ⑥-②-④ / ①-⑤-③　　　　　　　　　　　　　　仮定法

完成した英文：(Without your help), (I would not have passed) **the exam.**

「あなたの助力がなければ」と⑥から、仮定法の if 節の代用となる **without**「～がなければ」を推測して、**Without your help** まで並べる。⑤、③から仮定法過去完了の主節である **助動詞＋have p.p.** を推測して、**I would not have passed** the exam. で完成。

4 正解：②—①—③—⑤—④—⑥　　　　　　　　　　　　　　　　接続詞

完成した英文：My grandmother was talking (about a country I neither knew nor) had heard of.

「祖母は、〜国の話をしていた」と文の骨格をつかんで、My grandmother was talking **about a country** まで並べる。「私が知らない、また聞いたこともない国」と⑤、⑥から、関係詞がないので、関係詞の省略である 名詞 SVの語順と **neither A nor B**「AもBも〜ない」を推測する。**a country I neither knew nor** had heard of. で完成。「聞いたこともない」は、過去のある時点までの経験なので過去完了を使う。

5 正解：⑤—③—①—⑥—④—②　　　　　　　　　　　　　　　　比　較

完成した英文：The (Mississippi is longer than any other) river in the United States.

訳：ミシシッピ川は、アメリカ合衆国の他のどの川よりも長い。

①、⑥、④、②から最上級相当表現の **S V 比較級 than any other 〜.** を推測する。主語は、「〜川」は the を付けて表すので、空所の前の The と⑤から、The **Mississippi** として、The **Mississippi is longer than any other** river in the United States. で完成。

3

1 正解：④ ⇒ ones　　　　　　　　　　　　　　　　　　　　代名詞

訳：一般的に言うと、アメリカ映画は日本映画よりも面白い。

比較の対象が、American movies「アメリカ映画」と Japanese movies「日本映画」であることをおさえる。movies を代名詞にすると ones になるので、④を **ones にする**のが正しい形。①は Generally speaking「一般的に言うと」の speaking、③は「より面白い」の意味で問題のない表現。

2 正解：① ⇒ difference　　　　　　　　　　　　　　　　　　　熟　語

訳：あなたが日本語を話せるかどうかは、私たちには重要ではない。

make a difference「重要だ」で、否定形が **make no difference**「重要ではない」なので、①を **difference にする**のが正しい形。②は「〜にとって」、③、④は形式主語の it を whether 〜 or not「〜かどうか」で受けた形。

3 正解：③ ⇒ often used　　　　　　　　　　　　　　　受動態

訳：このキャンプ施設は、この辺りではとても人気で、大学生がよく利用する。

　　③を含んだis often usingの主語は、This camping facility「このキャンプ施設」なので、**受動態にする**必要がある。よって、**③をoften usedにする**のが正しい形。②「とても人気だ」、④「大学生」の意味で問題のない表現。

4 正解：① ⇒ such　　　　　　　　　　　　　　　　　接続詞・形容詞

訳：彼女はとても上手で有名なピアノの演奏家なので、彼女の友達はみな、彼女がピアノを弾くのを聞きたいと思っている。

　　so ~ that ...「とても~なので…」のsoは副詞なので、後ろに名詞は置けず、形容詞か副詞を置く。①の後ろはa good and well-known piano playerなので、soを置くことはできない。such ~ that ...「とても~なので…」の**suchは形容詞で後ろに名詞を置ける**ので、**①をsuchにする**のが正しい形。③はwant to do「~したい」のwant、④はplay「（楽器を）演奏する」のplay。

5 正解：② ⇒ as does the cat　　　　　　　　　　　　倒置・SVの一致

訳：その飼い犬は、猫と同様に、人間の飼い主を養親とみなしている。その理由は、これらの人間は本当の母親から引き継いで、必要な食料や安心をもたらしたからだ。

　　様態のasは~, **as VS.**「**SがVするように**」と倒置することがあるが、②は主語がthe catなので、doを3単現のsが付いたdoesに変えて、**as does the catにする**のが正しい形。①はsee A as B「AをBとみなす」のasとadopted parents「養親」のadoptedの組み合わせ。「養親」とは養子縁組による親を指す。③のthatは名詞節を作る接続詞で、theseは続くhumansとセットでits human ownersを指す。④はandがtookとprovidedを並列している。

D A Y 16

1

1 正解：③ 分 詞

訳：その展示会は、様々な国や文化で身にまとう伝統衣装を扱っている。

空所の前後が「様々な国や文化で〜伝統衣装」という表現なので、wear「身に着ける」を過去分詞にした③ **worn**「身に着けられる」が正解。①、④は動詞だが、will featureがこの文の動詞なので使えない。featureは「特集する」、a range ofは「様々な〜」の意味。

2 正解：① 動詞の語法

訳：昨日私の父は、今週の日曜日に友人とゴルフに行くと言っていた。

空所の後ろがthat 〜の形をとっているので、発言内容を目的語にとるsayの過去形である①が正解。**say that**「〜と言う」でおさえておく。②、③は基本は自動詞でspeak to「〜と話す」やtalk about「〜について話す」のように、通常後ろに前置詞を伴って使う。④はtell that「〜とわかる」の用法はあるが、本問では意味が通らない。通常はtell O_1 O_2「O_1にO_2を伝える」のように第4文型で使うので、thatの前に間接目的語のmeやusが必要。

3 正解：③ 形容詞の語彙

訳：市長は観光業を改善させる一方で、その街の独自の特徴を維持することを望んでいる。

空所の前後で「その街の〜特徴」とあることから、③ **unique**「独自の」を入れると意味が通るので、③が正解。①「頻繁な」、②「即座の」、④「急速な」の意味。whileの後ろにhe or she isが省略されている。

4 正解：③ 比 較

訳：利根川は、日本で2番目に長い川だ。

空所の前のtheと選択肢から、**the 序数 -est**「何番目に〜」を推測して、③が正解。second、thirdなどの序数は、最上級のthe -estのtheと-estの間に入れることをおさえておく。

5 正解：① 前置詞

訳：そのフライトは30分遅れた。

空所の前で「そのフライトが遅れた」とあり、後ろに「30分」と時間がきているこ

とを理解する。正規の時刻からどれくらい遅れたのかを示す場合の**差を表すby**を入れて、①**が正解**。

正解：② 　　　　　　　　　　　　　　　　　　　　　　　代名詞

：校長は、この計画に大きな貢献をしている人への特別賞があるだろうと公表した。

　空所の前後の「この計画に大きな貢献をしている〜に特別賞がある」の意味を確認する。**those**には「〜人々」の用法があり、「〜貢献をしている**人々**に特別賞がある」と意味が通るので、②**が正解**。本来は**those who 〜**「〜する人々」で使うが、〜にbe動詞がくる場合は、whoとbe動詞を省略して、本問のように使うことがある。①は主語で使う形、③、④は関係詞で使うには先行詞が必要で、後ろに動詞も必要。

正解：③ 　　　　　　　　　　　　　　　　　　　　　　　助動詞

：あなたは昨日、横浜で私の妹に会ったはずがない。彼女はまだニューヨークにいる。

　2つ目の文の「彼女はまだニューヨークにいる」という内容から、「昨日妹に横浜で**会ったはずがない**」と推測できるので、**cannot have p.p.**「〜したはずがない」を使った③**が正解**。②も「〜のはずがない」だが、beでは後ろのseenとセットで受動態になってしまい、その後のmy sisterとつながらない。①「〜にちがいない」、④「〜したにちがいない」の意味。

正解：① 　　　　　　　　　　　　　　　　　　　　　　　接続詞

：クリスマス後のセールが始まったので、買い物客はさらに割引を利用できる。

　空所の後ろにthe after-Christmas sales、have begunと**SVの文構造がある**ので、**接続詞が入る**とわかる。②「〜にもかかわらず」、③「〜が原因で」、④「〜の間」は前置詞で、①だけが接続詞なので、①**が正解**。「セールが始まった**ので**、割引を利用できる」と文の意味も通る。

正解：① 　　　　　　　　　　　　　　　　　　　　　　　受動態

：ジェニーは航空会社に電話して、彼女の予約が確かにされているかを確認した。

　空所の前のthatはmake sureの目的語を作る接続詞なので、**that節内のSである her reservation**に対する**Vを空所に予測**して、①、②、④に正解の候補を絞る。her reservation「彼女の予約」とconfirm「確定する」は**受動の関係**なので、①**が正解**。

正解：③ 　　　　　　　　　　　　　　　　　　　　　　　動詞の語法

：正月の三が日に誰も料理に時間を使わずにすむように、伝統的に、おせち料理は大みそかまでに準備されていた。

　選択肢から、**spend O doing**「Oを〜するのに費やす」を推測する。「三が日に誰

D
A
Y

1
2
3
4
5
6
7
8
9
10
11
12
13
14
15
16
17
18
19
20

も料理に時間を使わずにすむように、おせち料理は大みそかまでに準備されていた」と文の意味も通るので、③が正解。空所の前のhad toから、have to do「〜しなければならない」の形になるはずなので、動詞の原形ではない①、②は空所に入らない。④は、no oneとno timeで否定表現が重なり、意味が通らない。

2

1　正解：③－④－②－⑤－①－⑥　　　　　　　　　　　　**文　型**

完成した英文：I would (like to ask you to send me the photos).

　空所の前のwould、③、④または⑤から、**would like to do**「〜したい」を推測して、I would **like to**まで並べる。「〜を送っていただくようお願いします」を「〜を送るようにあなたに頼みたい」と読み換えて、④から、**ask O to do**「Oに〜するように頼む」を使い、I would **like to ask you to send**まで並べる。「その写真を送っていただく」を「私にその写真を送る」と読み換えて、**send O$_1$ O$_2$**「O$_1$にO$_2$を送る」を使って**send me the photos**で完成。

2　正解：⑤－④－①－③－②　　　　　　　　　　　　**受動態**

完成した英文：These days a (closer look is being taken) at how to assess the environment.

　①、③、②から**受動態の進行形**を推測して、**is being taken**と並べる。主語は名詞しかなれないので、④ lookを名詞として、**a closer look is being taken**と並べて完成。**take a closer look**「より詳細に見る」が受動態、かつ進行形になった形。

3　正解：⑥－③－①／②－⑤－④　　　　　　　　　　　**受動態**

完成した英文：(The students are expected) to (have practical skills in English).

　③、①と空所の間のtoから、**be expected to do**「〜することが期待される」を推測する。「学生たちには〜が期待されます」から、**The students are expected to have**まで並べる。「英語の実用的な運用能力」から、**practical skills in English**と続けて完成。

4　正解：④－⑤－⑥－②－①－⑧－⑦－③　　　　　　**熟語・不定詞**

完成した英文：A (large number of people have come to the airport to see her) off.

　「多くの人」と、空所の前のA、④、⑤、⑥より、**a large number of**「多くの〜」を推測して、A **large number of people**まで並べる。「彼女を見送るために空港に来た」と空所の後のoffから、**see ～ off**「〜を見送る」を推測して、**have come to the airport to see her** off. で完成。

総まとめ POINT 62 ｜ offを使った重要熟語

see off「見送る」／ put off「延期する」／ call off「中止する」

　see offは「空港などで人を離れたところで見る」＝「**見送る**」になります。**put off**は「**元の日程から離れたところに置く**」＝「**延期する**」です。**call off**は、offには「**休み**」という意味があるので、「**休みだと呼びかける**」＝「**中止する**」になります。

5　正解：⑥－②－⑤－⑧－⑦－④－③－①　　　動名詞・文型・熟語

完成した英文：Would you (mind helping me translate this letter into English)?

　「～手伝ってくださいますか」と空所の前のWould you、⑥から、**Would you mind doing?**「～してくれますか」を推測して、Would you **mind helping**まで並べる。「この手紙を英語に訳すのを手伝って」とhelping、⑤、⑧から、**help O do**「Oが～するのを助ける」を推測して、**helping me translate**まで並べる。最後は⑧、③から、**translate A into B**「AをBに翻訳する」を推測して、**this letter into English**と続けて完成。

総まとめ POINT 63 ｜ 変化のinto

translate A into B ／ put A into B 「AをBに翻訳する」
change A into B ／ turn A into B 「AをBに変化させる」

　intoには【**変化**】の意味があります。変化のintoが使われている熟語を紹介します。上の問題で扱った**translate A into B**「AをBに翻訳する」はAをBの言語に変化させるということです。**put A into B**も同じく「AをBに翻訳する」の意味です。**change A into B**「AをBに変化させる」も変化のintoで、**turn A into B**も同じ意味になることをおさえておきましょう。

③

1　正解：① ⇒ (that) Jiro (should) go　　　助動詞・動詞の語法

訳：私はジロウがさらに英語力を伸ばすために、留学するように提案した。

　suggestは**suggest (that) ～**「～するように提案する」で使うか、**suggest to 人 that ～**の型で使う。よって、①を**(that) Jiro go**とするのが正しい形。なお、**suggest that**の**that**節内は、動詞の原形か**should＋動詞の原形**を使うので、**(that) Jiro should go**でも正解。②は「海外で」、③は「さらに改善する」でfurtherは副詞なので、improveの前に置いて問題ない。④は「能力」の意味。

—— 103 ——

2 正解 : ④ ⇒ terrible

 形容詞・副詞

訳 : 親愛なるフレヤ、この連絡は、私のフライトが悪天候でひどく遅れたけれども、昨日ようやく無事に家に着いたことを知らせるためのものです。

　　terribly「ひどく」は副詞なので、④のように名詞の weather を修飾することはできない。形容詞にすれば名詞を修飾できるので、**④を terrible「ひどい」にするの**が正しい形。①「ようやく」、②「無事に」、③「ひどく」の意味で問題のない表現。

3 正解 : ② ⇒ heard (that) 接続詞

訳 : 私はそれが真実かどうかわからないが、彼は中国語を話すのが得意だと聞いた。

　　②は前置詞 of の後ろに he is と SV の文構造を続けられない。**名詞節を作る that にすれば SV の文構造を続けられるので、②を heard that にする**のが正しい形。ただし、この that は省略できる。①は名詞節を作る if「〜かどうか」で「それ(彼が中国語を話すのが得意なこと)が真実かどうか」、③は be good at「〜が得意だ」の good at、④「中国語を話すこと」の意味で問題のない表現。

4 正解 : ④ ⇒ could not 仮定法

訳 : 「あなたの協力がなければ、私はその仕事を終えられなかった」と、私の昔からの友人のロナルドが真剣に言った。

　　①、②が含まれる **If it were not for**「〜がなければ」から、**仮定法過去**の文と推測する。仮定法過去は、**if 節に過去形、主節に助動詞の過去形＋動詞の原形を使う**ので、**④を could not にする**のが正しい形。③は「協力」の意味で問題のない表現。

5 正解 : ② ⇒ Its main function 代名詞

訳 : 神経システムは、私たちの体内の最も複雑なシステムの１つだ。その主要な機能はホメオスタシスを維持するために、内部の変化と周囲の変化に反応することだ。

　　②は単数の The nervous system を受けた表現なので、Their を Its にして、**Its main function にする**のが正しい形。①は one of 〜「〜の１つ」に最上級表現が入った形で、〜を複数名詞にすることをおさえておく。③「内部の〜に反応する」、④「維持するために」で問題のない表現。

DAY 17

1

1 正解：②

関係詞

訳：昨日私が彼女を紹介したコーチは、再び彼女に会いたがっている。

空所の位置と選択肢から関係詞の問題と判断する。The coach を空所の後ろに入れると、I introduced her **to the coach** yesterday となり、**to whom** として空所に入れるので、**②が正解**。introduce A to B「AをBに紹介する」をおさえておく。①は to の後ろでは who は使えない。③、④は後ろが名詞の欠けている不完全文のときに使う。

2 正解：①

分詞

訳：がんは各患者特有の細胞の突然変異によって生じる、複雑な病気だ。

空所の後ろの by から、**受動の意味を持つ過去分詞の① caused** を推測する。「～な細胞の突然変異によって**引き起こされる**複雑な病気だ」と意味も通るので、**①が正解**。②、④の現在分詞は修飾する名詞と能動の関係のときに使う。さらに④は主節の時制より1つ古い時制のときに使う。③のような形では意味をなさない。

3 正解：②

動詞の語彙

訳：すみませんが、ここは禁煙エリアです。ここでタバコを吸うのを控えてもらえますか？

空所の後ろの from と②から、**refrain from**「～を差し控える」を推測する。「ここでタバコを吸うのを**控えて**もらえますか？」と意味も通るので、**②が正解**。①「思い出す」、③「思い出させる」、④「抵抗する」の意味で、いずれも from にはつながらない。

4 正解：④

名詞

訳：私たちは時間を節約するために、新しいアパートの家具をネットで購入した。

選択肢で使われている **furniture は不可算名詞なので複数形にできず、few で修飾することもできない。some は可算名詞、不可算名詞の両方に使える**ので、**④が正解**。

▶総まとめ **POINT 64** 不可算名詞【ひとまとめで考える】

money = coin + bill
furniture = desk + chair + table ...
baggage [luggage] = bag + suitcase ...

furniture「家具」は不可算名詞です。desk や chair などをひとまとめで考えて **furniture** となるので、数量を表すときは1つ2つと数えるのではなく、全体でどれ

くらいの量かでとらえる**不可算名詞**になります。同じように考えるものとして、**money**や**baggage**「荷物」があります。**money**はcoin「硬貨」やbill「お札」をひとまとめで考えて、全体でどれくらいの量なのかでとらえる不可算名詞になります。**baggage**は、bagやsuitcaseなどをひとまとめでとらえたものなので、やはり不可算名詞になります。なお、アメリカ英語では**baggage**ですが、イギリス英語では**luggage**になるのでおさえておきましょう。

5 正解：① 比 較

訳：ビタミンCは、リンゴと同様に薬ではない。

空所の後ろのthanと①から、**no more A than B**「Bと同様にAではない」を推測する。「ビタミンCは、リンゴと**同様に**薬では**ない**」と意味が通るので、①が正解。

総まとめ POINT 65 / no 比較級 ①

no more A than B 「Bと同様にAではない」
no less A than B 「Bと同様にAだ」

noの後ろに比較級を続ける表現に、**no more A than B**「Bと同様にAではない」と**no less A than B**「Bと同様にAだ」があります。A whale is **no more** a fish **than** a horse is.「クジラは馬と**同様**に魚では**ない**」のように、「クジラも魚ではないし、馬も魚ではない」という**両者否定**が**no more A than B**の本質になります。Sunlight is **no less** necessary to good health **than** fresh air.「日光は新鮮な空気と**同様**に健康に必要だ」のように、「日光は健康に必要だし、新鮮な空気も健康に必要だ」という**両者肯定**が**no less A than B**の本質になります。

6 正解：② 接続詞

訳：乗り越えるべきハードルがたくさんあったとしても、私は古い絵画を勉強しにイタリアへ行くつもりだ。

空所の後ろのifと合わさって接続詞になるのは、②、③なので、この両者に正解の候補を絞る。それぞれ**even if**「たとえ〜でも」、仮定法でよく使う**as if**「まるで〜かのように」の表現になる。「乗り越えるべきハードルがたくさんある」と、「私は古い絵を勉強しにイタリアへ行くつもりだ」はeven ifで接続できるので、②が正解。

7 正解：③ 熟 語

訳：多くの川がとても汚染されてしまったので、飲み水にはもはや使用できない。

so 〜 that ...「とても〜なので…」はthatの前後で因果関係を作れるので、「多くの川が非常に汚染されてしまったので、**もはや**飲み水としては利用でき**ない**」と文の内容を推測する。よって、③ **no longer**「もはや〜ない」が正解。①はnot 〜 any longerの形で「もはや〜ない」となるのでnotが必要。②はno less A than B「Bと同様にAだ」、④はbadやillなどの比較級で「より悪い」の意味で、空所では使え

ない。

8 正解：②　　　　　　　　　　　　　　　　　　　SVの一致

訳：その会議で行われたプレゼンテーションは、新しいアイデアから成っていた。

　deliveredに目的語がないので、**delivered ~ conference**の過去分詞のカタマリで、**主語のThe presentationを修飾する表現**と判断する。空所には**動詞が入る**と推測できるので、①、②に正解の候補を絞る。文の主語の中心は単数のThe presentationで、①を使うには3単現のsが必要なので、過去形の**②が正解**。**consist of**で「〜から成る」の意味。

9 正解：③　　　　　　　　　　　　　　　　　　　　　熟　語

訳：アリシアは自分の仕事に集中するために、よく公立図書館で勉強する。

　空所の後ろの**on**と③から、**concentrate on**「〜に集中する」を推測する。「彼女は仕事に**集中する**ために、よく公立図書館で勉強する」と意味が通るので、**③が正解**。①「翻訳する」、②「成功する」、④「ふるまう」の意味。

10 正解：③　　　　　　　　　　　　　　　　　動詞の語法・文型

訳：ジェーンは、トムに物理の宿題を手伝ってもらった。

　空所の前の**got Tom**と③から、**get O to do**「Oに〜させる、してもらう」を推測する。「ジェーンは、トムに物理の宿題を手伝って**もらった**」と意味も通るので、**③が正解**。get O to doには「説得して〜してもらう」というニュアンスがあり、persuade O to do「Oを説得して〜させる」と近い意味の表現。

2

1 正解：④−③−⑥−②−⑤−①　　　　　　　　　　　　　仮定法

完成した英文：She (talked as if she hadn't heard anything) about the matter.

　「何も聞いていなかったかのように」と③から、**as if**「まるで〜かのように」を使って、**as if she hadn't heard anything**まで並べる。「彼女はその件について、〜話しました」から、She **talked as if she hadn't heard anything** about the matter. で完成。

2 正解：②−①−⑤−③−④　　　　　　　　　　　　　熟語・強調

完成した英文：It was purely (by accident that I met) him at the airport.

　「〜はまったく偶然でした」と、It was purely、⑤と②、①から、強調構文の**It is A that ~.**と**by accident**「偶然」を推測する。It was purely **by accident that I met** him at the airport. と並べて完成。

3 正解：⑤—⑧—③—⑥—①—④—⑦—②　　比較・不定詞

完成した英文：At Kyoto Station, (I had no more than two minutes to catch) my train.

　③、⑥、①から **no more than**「〜しかない」を推測して、At Kyoto Station, **I had no more than two minutes** まで並べる。「私の電車が出るまで」を「私の電車に乗るために」と言い換えて、残りの選択肢から不定詞の副詞的用法を使い、**to catch** my train で完成。

▶ 総まとめ POINT **66** ／ no 比較級 ②

no more than ＝ only「〜しかない」
no less than ＝ as many [much] as「〜も（ある）」

　noに比較級を続ける表現に、**no more than** と **no less than** があります。**no more than** は、noがマイナス、moreがプラスでマイナス×プラス＝マイナスになり、ここでいうマイナスは数量の「少なさ」を意味するので、「〜しかない」になります。1語で置き換えると **only** と同じ意味になります。一方、**no less than** は、noがマイナス、lessもマイナスで、マイナス×マイナス＝プラスとなり、ここで言うプラスとは数量の「多さ」を意味するので、「〜も（ある）」という意味になります。数の多さなら **as many as** で、金額や量の多さなら **as much as** になります。

---

4 正解：①—⑦—⑧—⑤—④—②—⑥—③　　比較・熟語

完成した英文：Hand in the (assignment to your teacher no later than March) 31.

　「宿題は〜あなたの先生に提出しなさい」から、Hand in the **assignment to your teacher** まで並べる。「3月31日までに」と④、②、⑥から、**no later than**「〜までに」を推測して、**no later than March** 31. で完成。熟語のhand in「提出する」もおさえておく。

---

5 正解：③—①—⑤—④—②—⑥　　不定詞・熟語

完成した英文：I (found it difficult to get along with him).

　「〜のは難しいとわかった」と③、①、⑤から、**find O C**「OがCとわかる」と形式目的語の **it** を推測して、I **found it difficult** まで並べる。「彼とうまくやっていく」と、④、②、⑥から、**get along with**「〜とうまくやる」を推測して、**to get along with him** で完成。

3

1 正解：② ⇒ widens　　SVの一致

訳：外国に旅行することで、私たちの外国文化に関する知識がかなり広がる。

文構造をつかむと、Traveling to foreign countries が動名詞の「外国を旅すること」という意味の主語で、**動名詞のカタマリが主語になるときは単数扱いすることを**確認する。よって、②を**3単現のsを付けてwidens**にするのが正しい形。③は「外国文化」、④はto a ~ extent「〜な程度」の〜にgreatが入った形。

---

2 **正解：**②⇒ was　　　　　　　　　　　　　　　　　　SVの一致

訳：空港はカオスだった！　たくさんの乗客が文句を言っていた。ファーストクラスの乗客の1人が地上スタッフに叫び、何人かの赤ん坊は泣き、それでもまだ眠ろうとしている人もいた！

one of ~「〜の1つ」は、〜に複数名詞がくるが、**oneに焦点が当たっているので、主語で使う場合は単数扱いをする。**よって、②を**was**にするのが正しい形。①は主語がLots of passengersで複数形なのでwereで問題ない。③も主語がseveral babies、④も主語がsome peopleなので、wereで受けて問題ない。

---

3 **正解：**④⇒ is not so simple　　　　　　　　　　　　　　接続詞

訳：あなたが覚えておかなければいけないことの一つが、英語はそんなに簡単ではないということだ。

③のthatはisの補語となる**名詞節を作るthatなので、後ろにSVの文構造を続ける必要がある。**よって、④を**is not so simple**にするのが正しい形。①「物事の1つ」、②「あなたが覚えておかなければいけない」、③はOneに対する動詞のisと名詞節を作るthatで問題のない表現。

---

4 **正解：**②⇒ take　　　　　　　　　　　　　　　　　　　助動詞

訳：悪天候のせいで、ジョージは違うルートを辿（たど）らざるをえないとみんなが言う。

cannot help but doで「〜せざるをえない」の意味なので、②を**take**にするのが正しい形。同じ意味の表現で**cannot help doing**とdoingを使う表現もおさえておく。①はeveryoneが単数扱いなので、3単現のsが付いたsaysで正しい。③はdue to「〜が原因で」のto、④は「天気」の意味で問題ない。

---

5 **正解：**②⇒ largest　　　　　　　　　　　　　　　　　　比　較

訳：岩手県は日本で2番目に大きな都道府県で、肥沃（ひよく）な大地と美しい景色に恵まれている。

②の前のthe secondから、the 序数 -est「〜番目に…だ」を推測する。「岩手県は日本で2番目に大きな都道府県だ」と意味も通るので、②を**largest**にするのが正しい形。③はbe blessed with「〜に恵まれている」、④は「肥沃な」の意味で、問題のない表現。

DAY 18

1

1 正解：③

訳：私には、この単語が何を意味するのかわからない。

　選択肢を見ると、「**この単語が何を意味するのかわからない**」という意味と推測できる。what 以下は間接疑問と考えられるが、**間接疑問は倒置させずに通常の語順にするので、③ what this word means が正解**。②は the meaning of this word is とする必要がある。④は後ろに V がないので認められない。①は「何がこの単語を意味するのか」となり、意味が通らない。

2 正解：②

訳：アメリカ人の中には、移民が仕事を求めて自分たちと競争して、昇給やより良い仕事を手にするのを難しくしていると、信じている人もいる。

　文構造をつかむと、Some Americans が S、believe が V、that 節が O になる。that 節内の S が immigrants、V が compete で、空所に **making を入れると分詞構文になり、文が成立して意味が通るので、②が正解**。分詞構文が後ろに置かれた **SV, doing ~.** の形をおさえておく。①、④は接続詞や関係詞がないと、動詞を 2 つ使えない。③は while の後ろに S が必要。

3 正解：③

訳：適度な運動をすることは、あなたに利益をもたらすだろう。

　空所の後ろに you、good「良いこと」、「利益」と (代) 名詞が 2 つ並ぶことから、第 4 文型を予測して、①、③に正解の候補を絞る。SVO_1O_2 の O_2 に good を使って意味が通るのは do なので③が正解。**do O good**「O に利益を与える」や **do O harm [damage]**「O に害を与える」という do の第 4 文型をおさえておく。①「与える」、②「持っている」、④「感じる」の意味。

総まとめ POINT **67** do の第 4 文型
do O harm [damage]「O に害を与える」
do O good「O に利益を与える」
do O a favor「O に親切な行為を与える」

　do の第 4 文型は **do O_1 O_2**「O_1 に O_2 を与える」が基本の訳になります。give との違いは O_2 に特定の単語を使うことです。**do O harm [damage]** になると「O に害を与える」になります。**do O good** だと「O に利益を与える」になります。**Would you do me a favor?** で使われると、「あなたは私に親切な行為を与えるつもりです

か？」＝「私の願いを聞いてもらえますか？」になります。

4 **正解：①**

訳：私はなぜその車を買わなかったのか、よくわからない。

空所の後ろが「私がその車を買わなかった」で、前は「よくわからない」なので、①「なぜ〜か」、②「〜かどうか」、③「いつ〜か」、④「どこで〜か」をあてはめると、①**が正解**とわかる。②を使うと「私が買わなかったかどうか、よくわからない」となり、意味が通らない。③、④も意味が通らない。

5 **正解：②**

訳：休暇中に、グランドキャニオンに旅行に行った。

空所の後ろの a trip と②から、**go on a trip**「旅行に行く」を推測して、②**が正解**。①「侵入した」、③「からかった」、④「〜の代わりをした」の意味。

6 **正解：③**

訳：その列車は予定から10分遅れて到着した。

空所の後ろの schedule と③から、**behind schedule**「予定から遅れて」を推測する。「その列車は**予定から**10分**遅れて**到着した」と文の意味が通るので、③**が正解**。on schedule「予定通り」、ahead of schedule「予定より早く」もおさえておく。他の選択肢は正しい意味にならない。

7 **正解：②**

訳：ええと、私は2つのテーブルのうち大きなほうにします。

空所の後ろの of the two から、**the 比較級 of the two**「2つのうちで〜なほう」を推測して、②**が正解**。1つに限定できる表現なので、比較級でも the を使う。

8 **正解：①**

訳：ごめんなさい、私たちは今行かなければいけない。私たちの友人の1人が、下で待っている。

「私の友人の1人」を **a friend of mine** とするように、「私たちの友人の1人」は **a friend of ours** で表すので、①**が正解**。**a 名詞 of 所有代名詞** で「〜の1つ[1人]」となる表現。

9 **正解：③**

訳：その会社は、その研究チームに300万ドルを提供することに決めた。

空所の後ろで、the research team、$3,000,000 と名詞が2つあるので、第4文

型をとれる③ **offer O₁ O₂**「O₁にO₂を提供する」を推測する。「その研究チームに300万ドル**を提供する**」と意味が通るので、③が正解。①「寄付する」、②「投資する」で文の意味は通るが、第4文型をとれない。④「教える」では文の意味が通らない。

10　正解：③　　　　　　　　　　　　　　　　　　　　【名　詞】

訳：私は今日やらなければいけない宿題がある。

　　homeworkは**不可算名詞**なので、manyやfewでは修飾できず、③ **some**が正解。someは可算名詞では「いくつかの」、不可算名詞には「いくらかの」の意味で両方修飾できることをおさえておく。④はlots of「たくさんの〜」で使う。

総まとめ POINT 68／不可算名詞【抽象名詞】

work [homework] ／ information ／ news ／ advice

　　不可算名詞のうち、抽象名詞という目に見えないものを表す名詞を紹介していきます。まずは、**work**はぼんやりと概念的な「仕事」を指し、それから派生した**homework**「宿題」も不可算名詞です。続いて、**information**「情報」も不可算名詞です。他にも、**news**「ニュース」、**advice**「助言」と情報系の単語も不可算名詞です。

②

1　正解：③—⑥—②—④—①—⑤　　　　　　　　　　【接続詞・熟語】

完成した英文：It was raining (so heavily that we had to put off our departure).

　　「ひどく降っていたので、〜」と③、⑥から、**so 〜 that ...**「とても〜なので…」を推測して、It was raining **so heavily that**まで並べる。「私たちは出発を延期しなければならなかった」と②、④、①から、**have to do**「〜しなければならない」、**put off**「延期する」を推測して、**we had to put off our departure**. で完成。

2　正解：③—①—④—②—⑤　　　　　　　　　　　　【熟語・関係詞】

完成した英文：Before e-mail, it was hard to keep (in contact with friends who) lived overseas.

　　空所の前のkeep、③、①、④から、**keep in contact with**「〜と連絡を保つ」を推測して、〜, it was hard to keep **in contact with**まで並べる。「海外に住む友人と連絡をとる」と⑤から、関係代名詞のwhoを使って、**friends who** lived overseasで完成。

3 正解：⑤−⑩−⑨−⑧−⑦−③−④−②−①−⑥   不定詞

完成した英文：(All you have to do is sign your name here).

「あなたたちは〜さえすればよいのです」と、⑤、⑩、⑨、⑧、⑦、③から、All you have to do is (to) do 〜.「〜さえすればよい」を推測して、**All you have to do is sign** まで並べる。is to doのtoは省略されることがあるのをおさえておく。「ここに署名さえすればよい」から、**your name here** と続けて完成。

総まとめ POINT **69** 不定詞の重要表現	
All you have to do is (to) do 〜 .	〜さえすればよい
never fail to do	必ず〜する
to tell the truth	実を言うと
to begin with	まずはじめに
needless to say	言うまでもなく
strange to say	不思議なことに

All you have to do is (to) do 〜. は、Allが名詞で「すべてのこと」の意味で、Allとyouの間に関係詞が省略されています。「あなたがすべきすべては、〜することです」＝「〜さえすればよい」になります。次はfail to do「〜しない」に強い否定語のneverが合わさって、**never fail to do**「〜しないことは決してない」＝「必ず〜する」になります。続いて、**to tell the truth**「実を言うと」は、to tell you the truth「あなたに真実を言うと」のyouが省略された表現です。他にも、**to begin with**「まずはじめに」、**needless to say**「言うまでもなく」、**strange to say**「不思議なことに」などがあります。

4 正解：③−①−⑧−⑤−⑥−⑦−②−④   助動詞・不定詞

完成した英文：We (may as well sing songs to cheer ourselves) up.

③、①、⑧から、**may as well do**「〜したほうがましだ」を推測して、We **may as well** まで完成させる。「元気づけるために歌っては」から、**不定詞の副詞的用法**を使って、**sing songs to cheer ourselves** up. で完成。**cheer 〜 up**「〜を励ます」もおさえておく。

5 正解：②／①−③−④   仮定法

完成した英文：If I (had) had more time, I (could have visited) more temples and shrines.

空所の前のIfと①から仮定法を推測して、If I **had** had more time, I **could have visited** more temples 〜. で完成。仮定法過去完了の特徴である、**if節が過去完了**、**主節が助動詞の過去形 + have p.p.** をおさえておく。

— 113 —

1 正解：③ ⇒ look　　　　　　　　　　　　　　　　　　　　　**不定詞**

訳：彼女には、学校で面倒を見るべきたくさんの子どもたちがいる。

　　③の前のtoと名詞のchildrenから、**不定詞の形容詞的用法**を推測して、looksを原形にすると、「彼女には、学校で面倒を見る**べき**たくさんの子どもたちがいる」と意味も通るので、**③をlookにする**のが正しい形。**不定詞はto ＋ 動詞の原形で表す**ことを確認する。①「（子どもたち）がいる」、②「子どもたち」、③、④でlook after「〜を世話する」、⑤「学校で」の意味で問題ない。

2 正解：③ ⇒ had gone　　　　　　　　　　　　　　　　　　　**時　制**

訳：私はお土産を買い、残ったお金を両替し、出国審査を通過した後で、フライトが遅れていると聞いたのだ！

　　過去完了はhad ＋ 過去分詞で表すので、**③をhad goneにする**のが正しい形。④の「フライトが遅れていることを聞いた」時点で過去形なので、その前の「お土産を買って、お金の残りを両替した」を過去完了で表した①、②は問題のない表現。

3 正解：③ ⇒ on　　　　　　　　　　　　　　　　　　　　　　**熟　語**

訳：その計画が成功するか否かは、それを前もってどのように計画するかにかかっている。

　　depend onで「〜に頼る」なので、**③をonにする**のが正しい形。①はwhether 〜 or not「〜かどうか」、②は「成功するだろう」と未来の予測の意味のwill、④は「計画する」の意味で、問題のない表現。

4 正解：① ⇒ Not being　　　　　　　　　　　　　　　　　　**分詞構文**

訳：週末忙しくなかったので、私の父は2日間しっかりと休息をとって楽しんだ。

　　Being 〜, my father enjoyed ....から、分詞構文とわかる。**分詞構文の否定形はnotを分詞の前に置く**ので、**①をNot beingにする**のが正しい形。②はenjoyの目的語なので動名詞のtakingで正しい。③は「十分な」の意味。④は「2日間」の意味で問題ない。

5 正解：② ⇒ as long as　　　　　　　　　　　　　　　　　　**接続詞**

訳：私が購入したこれらの品物が入るなら、どんな箱でもよいでしょう。

　　②は「〜と同じくらい」の意味で、後ろにSVの文構造を続けては使わない。as 〜 asで後ろにSVの文構造を伴うものでは、「〜ならば、〜する限り」の意味のas long as（時間の限界や条件）、as far as（範囲・程度）などがある。「私が購入したこれらの品物が入る**なら**、どんな箱でもよいでしょう」と条件と考えられるので、**②をas long asにする**のが正しい形。①「間に合う」、③「〜を収容できる」、④「購入した」の意味で問題ない。

DAY 19

1

1 正解：③

動名詞

訳：今すぐタバコをやめなさい、そうすればもっと楽に呼吸をして、もっと健康的な生活を楽しめるだろう。

give up の後ろには動名詞を置くことができ、**give up doing** で「〜することをやめる」となるので、③が正解。【中断】の意味で動名詞を目的語にとる動詞は、他にも stop、finish などがあるので、おさえておく。

2 正解：①

分詞・熟語

訳：彼は説明が下手だったため、自分の言うことを理解してもらえなかった。

空所の前の make himself と選択肢から、**make oneself understood**「自分の言うことを理解してもらう」を推測して、①が正解。make oneself heard「自分の声を届かせる」も頻出なので、おさえておく。

3 正解：③

分詞

訳：彼女は、指輪を盗まれるのを恐れていたので、自分の指から決して外さなかった。

空所の前の having her ring と選択肢から、**have O C**「O を C にする」を使って、「彼女の指輪が盗まれた」と表現する。「盗まれた」と受動の意味なので、過去分詞の **stolen** を使って、③が正解。

4 正解：①

疑問

訳：彼女は時々ふと、本当の幸せとはどのようなものかと疑問に思うことがある。

空所の後ろの it is like to be 〜と①から、**what S is like**「S がどのようなものか」に形式主語の it と不定詞を使った、**what it is like to do 〜**を推測する。「彼女は時々ふと、本当の幸せとはどのようなものかと、疑問に思うことがある」と意味も通るので、①が正解。②「いつ〜か」、③「なぜ〜か」、④「〜かどうか」は、空所の後ろの like の説明がつかず、意味も通らない。

5 正解：③

熟語

訳：彼女は学校を終えた後に、自国を離れることを考えている。

空所の前の thinking と③から、**think of**「〜のことを考える」を推測する。「彼女は学校を終えた後に、自国を離れることを考えている」と意味も通るので、③が正解。

━6━ 正解：①

訳：私は毎月月末までに、前もってアパートの家賃を支払う。

　空所の後ろのadvanceと①から、**in advance**「前もって」を推測する。「私は毎月月末までに、**前もって**アパートの家賃を支払う」と意味が通るので、①が正解。

━7━ 正解：④

訳：あなたの申込書を締め切りまでに提出してください。

　空所の後ろのthe deadline「締め切り」と④から**期限のby**「〜までには」を推測する。「あなたの申込書を締め切り**までに**（は）提出してください」と意味も通るので、④が正解。until「〜までずっと」と区別しておさえておく。

━8━ 正解：③

訳：あなたのカバンの色は、私のものより明るい。

　比較対象がThe color of your bagとthe color of mine（＝my bag）なので、the colorを代名詞にした③ **that**が正解。thatは、本問のように１文の中で名詞の繰り返しを避けるのに使い、後ろに修飾語句を置くことが多い。① **it**は後ろに修飾語句を置いて使えない。②は疑問詞、関係代名詞ともに空所には置けない。④は複数名詞の代名詞に使う。

━9━ 正解：③

訳：その救助隊は、その小さな男の子がおぼれるのを救った。

　空所の前のsaveから、**save O from doing**「Oを〜することから救う」を推測する。「その救助隊は、その小さな子がおぼれる**のを救った**」と意味が通るので、③が正解。

━10━ 正解：②

訳：私が昨日会ったとき、彼は疲れているように見えた。

　tireは「疲れさせる」という意味の感情動詞なので、**感情を抱く主体が主語の場合は過去分詞で使う**ことから、②、④に正解の候補を絞る。lookは後ろに形容詞や分詞を置いて**look C**「Cに見える」と使うので、②が正解。

2

━1━ 正解：⑤−④−②−③−①

完成した英文：The report has impressed upon (the world the fact that the earth's natural) environment is getting worse.

　「〜を世界に印象づけた」と空所の前のhas impressed upon、⑤から、The

report has impressed upon **the world ~.** まで並べる。④、②から**同格のthat**を使った **the fact that** を推測する。「地球の自然環境が悪化しつつあること」を「地球の自然環境が悪化しつつあるという事実」と読み換えて、**the fact that the earth's natural** environment is getting worse を impressed の目的語にあたる**~,** のところに入れて完成。

総まとめ **POINT 70** 同格の**that**と相性の良い名詞

the fact that	～という事実
the news that	～という知らせ
the idea that	～という考え
the belief that	～という信念

同格のthatは接続詞で 名詞 **that ~**「～という 名詞 」という使い方をします。上から順に、**the fact that**「～という事実」、**the news that**「～という知らせ」、**the idea that**「～という考え」、**the belief that**「～という信念」などがあるので、おさえておきましょう。

2 正解：③-①-⑥-⑧-⑤-⑦-②-④ 　　　否定・熟語

完成した英文：**The dog never** (crosses a street without looking up at his) **owner.**

「～するときは必ず…」と、空所の前のnever、⑧から、**never A without B**「BなしではAしない」＝「Aすると必ずBする」を推測する。「通りを横断するときは必ず～」から、The dog never **crosses a street without** まで並べる。「飼い主を見上げる」と⑤、⑦から look up「見上げる」を推測して、**looking up at his** owner. で完成。

3 正解：③-⑥-④-①-⑤-② 　　　仮定法

完成した英文：**If** (it had not been for her) **advice, I would not have passed the job interview.**

訳：彼女の助言がなかったら、私はその仕事の面接に合格できなかっただろう。

空所の前のIfと③、⑥、④、①、⑤から、**if it had not been for**「～がなかったら」を推測する。「彼女の助言が**なかったら**、私はその仕事の面接に合格できなかっただろう」と文の意味も通るので、残った②をadviceの前に置いた If **it had not been for her** advice, ~. が正解。

4 正解：⑥-③-④-①-②-⑤ 　　　関係詞

完成した英文：(That is why I came here).

「それで私はここに来たんです」と、⑥、③、④から、**That is why ~.**「そういうわけで～」を推測して、**That is why** まで並べる。「私はここに来たんです」から、**I**

D
A
Y

1
2
3
4
5
6
7
8
9
10
11
12
13
14
15
16
17
18
19
20

came here. で完成。

━ **5** ━ 正解：⑥－⑤－③－④－②－① 比　較

完成した英文：Hokkaido is (the second largest of Japan's four) main islands.

訳：北海道は、日本の主要4島のうち、2番目に大きい。

⑥、⑤、③から the 序数 -est 「〜番目に…だ」を推測して、Hokkaido is the second largest まで並べる。最上級の範囲を④ of 「〜の中で」を使って of Japan's four main islands「日本の主要4島の中で」で完成。

3

━ **1** ━ 正解：① ⇒ to go 不定詞

訳：彼女はわざわざ無理をして、困っている人を助けるほど優しい。

①の前にある kind enough から、形容詞 enough to do 「〜するほど（十分に）形容詞 だ」を推測して、①を to go にするのが正しい形。①、②、③は go out of one's way to do 「自分の道から外れて〜する」＝「わざわざ〜する」の意味の熟語なので、おさえておく。④は to anyone で「誰に対しても」の意味で、問題のない表現。

━ **2** ━ 正解：③ ⇒ her 代名詞

訳：あなたたち一家と過ごした時間は良い思い出だ。あなたの助け、あなたの姉であるジョアンの素敵な贈り物、特にあなたの両親のおもてなしに感謝している。

she-her-her-hers の hers は所有代名詞で「彼女のもの」の意味。③は後ろに lovely gift「素敵な贈り物」と名詞があり、所有代名詞の後に名詞を置くことはできないので、hers を所有格の her にするのが正しい形。①「私の」、②「あなたの」、④「彼らの」という意味で、すべて所有格で後ろに名詞を置いている正しい形。

━ **3** ━ 正解：③ ⇒ higher and higher 比　較

訳：天気予報によると、二酸化炭素の放出が原因で、地球の気温が近年ますます高くなっている。

比較級 and 比較級 で「ますます〜」の表現から、③を higher and higher にするのが正しい形。①は according to 「〜によると」の to、② get C 「Cになる」が現在進行形になった is getting の getting、④は because of 「〜が原因で」の because で問題のない表現。

4 正解：③ ⇒ help (to) prevent the risks

動詞の語法

訳：老年症候群を発症させるリスクを下げる手助けのために、個人ができる、多くのライフスタイルの習慣や食事の変化がある。

　helpのとる型には、**help O (to) do**「Oが〜するのを助ける」や**help (to) do**「〜するのに役立つ」があるので、③を**help (to) prevent the risks**にするのが正しい形。①「多くのライフスタイル（の習慣や食事の変化）がある」、②は 名詞 SV の語順から関係詞の省略で「個人ができる変化」、④は「〜を発症するという（リスク）」の意味で問題のない表現。

5 正解：③ ⇒ that

接続詞

訳：私の家の近くの通りはとても狭いので、トラックはそこを使えない。

　③は疑問詞でも関係代名詞でも後ろが不完全文のときに使うが、本問は完全文。③の前のsoから、**so 〜 that ...**「とても〜なので…」を推測する。「私の家の近くの通りは**とても狭いので**、トラックはそこを使えない」と文脈も合うので、③を**that**にするのが正しい形。①は前置詞のnearで「〜の近くの」、②は The street is narrow の第2文型を構成する is、④は trucks に対応する動詞なので、aren't で問題ない。

D
A
Y

1
2
3
4
5
6
7
8
9
10
11
12
13
14
15
16
17
18
19
20

DAY 20

1

1　正解：③

【熟語】

訳：幸運なことに、ジャックは大好きなテレビ番組を見るのに間に合って、帰宅した。

　Fortunately「幸運なことに」から、空所を含めた後ろの文には**プラスの内容**が入ると推測する。「大好きなテレビ番組を見るのに〜で帰宅した」から、③ **in time**「間に合って」が**プラスの内容**になるので正解。①のような表現はない。②は後ろにSVの文構造を続ける、④は「定刻に遅れて」の意味で、マイナスの内容。

2　正解：④

【比較】

訳：彼は学者というよりむしろ政治家だ。

　空所の前の not so much から、**not so much A as B**「AというよりむしろB」を推測する。「彼は学者**というよりむしろ**政治家だ」と意味も通るので、④**が正解**。同様に **B rather than A**「AというよりむしろB」もおさえておく。

3　正解：③

【名詞】

訳：私は入試の準備をしているとき、先生からたくさんのアドバイスをもらった。

　選択肢の**advice**は不可算名詞で複数形にはできないので、③**が正解**。②のようにmanyで修飾することもできない。

4　正解：②

【仮定法】

訳：私たちは荷物を詰め始める時間だ。私たちが出発するまで、2時間しか残されていない。

　空所の前の It is time から、**It is time SV.**「SがVする時間だ」を推測する。これは仮定法の表現で、**Vを過去形にする**ので、②**が正解**。It is about time SV.「そろそろSがVする時間だ」、It is high time SV.「もうSがVする時間だ」もおさえておく。

5　正解：④

【分詞】

訳：この大学の科学者たちは、有名な賞を受賞できるという見通しにわくわくしている。

　excite「興奮させる」は感情動詞で、主語の The scientists に対して「科学者たちは**興奮させられる**」＝「科学者たちは**わくわくしている**」と受動の意味を持つ過去分詞で使うので、④**が正解**。①は動詞を2つ並べることはできない。②は「科学者たちは興奮だ」となり意味が通らない。③は「興奮させる」＝「興奮するような」で感

情の原因が主語のときに使う形。

6　正解：④ 　　　　　　　　　　　　　　　　　　　　　　受動態

訳：彼はいつものように、より長い時間働かせられた。

　He was made を「彼が作られた」とするとおかしいので、**make O do**「**O に～ させる**」の受動態である **O' be made to do**「**O' は～させられる**」を推測する。「彼 はいつものように、より長い時間**働かせられた**」で意味も通るので、**④が正解**。①は was と work と動詞を2つ並べられない。②は過去形ととらえると動詞が2つ並んで しまい、過去分詞ととらえても主語の He と受動の関係にはならないので使えない。 ③は能動の make O doing を想定する必要があるが、この形では使わない。

7　正解：④ 　　　　　　　　　　　　　　　　　　　　　　代名詞

訳：トムと私は毎週末一緒にテニスをしているが、私たちのどちらも、あまり上手にプ レーできない。

　「トムと私は毎週末一緒にテニスをしているが、～」と逆接に着目すると、「**どちら もあまり上手にテニスはできない**」となる④ **neither of us** が正解。①は「私たちの 両方」の意味で肯定表現、②は「彼らのうちどちらか」、③は「私たちのうちのどちら か」で意味が通らない。

8　正解：④ 　　　　　　　　　　　　　　　　　　　　　　熟　語

訳：残念ながら、彼らはあまりうまくやっていないと思う。

　空所の後ろの along と④から、**get along**「**（人と）うまくやる**」を推測する。「残 念ながら、彼らはあまり**うまくやって**いない」と意味も通るので、**④が正解**。**get along with** にすると「～とうまくやる」の意味になるので、おさえておく。③を使っ た take along は「～を持って行く」だが、意味が通らない。

9　正解：③ 　　　　　　　　　　　　　　　　　　　　　　受動態

訳：私たちの電子マネーの新セキュリティシステムは、3月末までに一般利用が可能にな る予定だ。

　選択肢の expect と空所の後ろの to be から、expect to do「～することを予期す る」を予測するが、「私たちの新しいセキュリティシステムが～になることを予期す る」では SV の対応がおかしいので、予測を修正する。expect O to do の受動態で ある **be expected to do**「**～することが予期される**」ならば、主語の Our new security system ともつながるので、**③が正解**。①、②、④はすべて主語との対応 がおかしい。

10 正解：①

訳：あなたは私の計画に賛成ですか、反対ですか？

空所の前後の for or、my plan から**賛成の for** を推測する。or で並列されていることから**反対の against** を類推して、①が正解。②は、I'm into video games.「テレビゲームに夢中だ」のように、中に入り込むイメージから、**夢中の into** という用法をおさえておく。③「～に向かって」、④「上に」の意味。

2

1 正解：②－④－⑤－①－③

完成した英文：Not (until yesterday did I hear) the news that the actor had died.

「昨日になってはじめて、～」と空所の前の Not、②から、**Not until A B.**「AまでBしない」＝「AしてはじめてBする」を推測する。**Bに倒置が起こる**ことをおさえたうえで、Not **until yesterday did I hear** the news that ～. で完成。the news that の that は同格の that。

2 正解：⑥－③－①－②－⑤－④

完成した英文：I (took it for granted that she) would study abroad.

⑥、③、①、②、⑤から、**take it for granted that**「～を当然と思う」を推測して、I **took it for granted that she** would study abroad. で完成。take A for B「AをBだと思う」のAに形式目的語、Bに granted「(世の中に) 認められた」＝「当然の」が使われている表現であることをおさえておく。

3 正解：①－④－③／⑤／②

完成した英文：I (had trouble explaining) why it (was) so important (to) us.

「～するのに苦労した」と①、④、③から、p.027 の **総まとめ POINT 18** で紹介した **have trouble doing**「～するのに苦労する」を推測して、I **had trouble explaining** why it まで並べる。残った was、to を why it **was** so important **to** us. と並べて完成。

4 正解：⑤－①－③－④－②－⑥

完成した英文：I'm (sorry to have kept you waiting).

「～してすみません」から、**不定詞の副詞的用法の感情の原因**を使って、I'm **sorry to have** まで並べる。「お待たせしてすみません」から、謝っている時点の以前から待っていると考えられるので、**完了不定詞**と **keep O C**「OをCに保つ」を使って、I'm **sorry to have kept you waiting**. で完成。この1文全体が頻出の英文なので、そのまま暗記しておくとよい。

正解：⑦－⑤－②－①－③－④－⑥　　　　　　　　**感情動詞の分詞**

完成した英文：She (looks bored because her job is boring).

　「彼女は退屈しているようだ」と⑦、⑤から、**look C**「Cに見える」を使って、She **looks bored**まで並べる。bore「退屈させる」は感情動詞で、感情を抱く主体を主語にとる場合、「退屈させられる」と**受動の意味の過去分詞**にするので**bored**とする。「仕事がつまらないので」から、理由を示す② **because**を使って、**because her job is boring**で完成。「仕事」は「退屈させるような」＝「つまらない」と**能動**の意味なので、**現在分詞のboring**で表す。

3

1 正解：④ ⇒ at [by] noon　　　　　　　　　　**前置詞・熟語**

訳：どれほどあなたが速く歩いても、正午（まで）に駅には着けない。

　「正午に」は**at noon**で表すので、④を**at noon**にするのが正しい形。「正午までに」と考えて、by noonとしてもよい。①、②は、no matter how fast「どれほど速く～しても」の表現で問題ない。③は「～に到着する」の意味で、問題のない表現。

2 正解：④ ⇒ is (to) use your common sense.　　　　　**不定詞**

訳：あなたが課題や問題に直面したときは、自分の常識を使いさえすればよい。

　③、④のall you have to do is (to) do ～.「～さえすればよい」は、補語にto doかdoの形を置くので、④を**is (to) use your common sense**にするのが正しい形。①、②はbe confronted with「～に直面する」の表現が使われている。

3 正解：④ ⇒ interested　　　　　　　　　　**感情動詞の分詞**

訳：ジョンは多くの人がパーティーに参加できることを願っているので、そのイベントに興味を抱くであろう人々にそのニュースを伝えることは、素晴らしい思いつきになるだろうと信じている。

　④の主語はthose who「～する人々」のthoseなので、interest「興味を持たせる」を過去分詞にしてbe interested in the event「そのイベントに興味を持つ」とすべきである。よって、④を**interested**にするのが正しい形。①「できる」、②「信じる」、③「伝える」の意味で、問題のない表現。

4 　正解：③ ⇒ while 　　　　　　　　　　　　　　　　　　　　　　　接続詞

訳：私の歯科医は、寝ている間に歯ぎしりするのを防ぐために、マウスピースをつけることをすすめてくれた。

　　during は前置詞なので、後ろに名詞を続ける。本問は後ろに I'm と SV の文構造が続くので、③を接続詞で同じく「～の間」の意味がある **while にする**のが正しい形。recommend は後ろに動名詞をとって、recommend doing「～することをすすめる」と使うので、①は問題ない。②は prevent O from doing「O が～するのを妨げる」の doing に grind が使われている形。grind は teeth について使われると「歯ぎしりする」という意味になる。④は「眠って」の意味で問題ない。

5 　正解：③ ⇒ whom [who] 　　　　　　　　　　　　　　　　　　　　関係詞

訳：私の姉は、高校時代に大好きだったクラスメイトと結婚した。

　　③の whose は前後が所有格、すなわち「～の」という所有の関係である必要がある。本問では、**先行詞の her classmate は had loved の目的語に相当するため目的格**になるはずなので、**③を whom [who] にする**のが正しい形。先行詞が人で、関係詞節中の目的語が欠けている場合、厳密には whom を使うが、会話体などではふつうは who を使う。①、②は marry O「O と結婚する」の表現、④は married より以前に好きだったので過去完了で問題ない。⑤は「高校で」の意味で問題ない。

MEMO

MEMO

【著者紹介】

肘井　学 （ひじい・がく）

◉──慶應義塾大学文学部英米文学専攻卒業。全国のさまざまな予備校をへて、リクルートが主催するネット講義サービス「スタディサプリ」で教鞭をとり、高校生、受験生から英語を学びなおす社会人まで、圧倒的な満足度を誇る。

◉──「スタディサプリ」で公開される「英文読解」の講座は、年間25万人の生徒が受講する超人気講座となっている。さらに「東大英語」「京大英語」を担当し、受講者に多くの成功体験を与えている。

◉──週刊英和新聞「朝日ウィークリー（Asahi Weekly）」にてコラムを連載するなど、幅広く活躍中。

◉──著書に『大学入試肘井学の読解のための英文法が面白いほどわかる本』『大学入試肘井学のゼロから英語長文が面白いほどわかる本』『大学入試ゼロから英文法が面白いほどわかる本』（KADOKAWA）、『大学入試すぐわかる英文法』『大学入試すぐ書ける自由英作文』『大学入試絶対できる英語リスニング』（教学社）、『高校の英文法が1冊でしっかりわかる本』『大学入試 レベル別英語長文問題ソリューション［1〜3］』『同　最新テーマ編［1〜3］』（かんき出版）などがある。

かんき出版 学習参考書のロゴマークができました！

明日を変える。未来が変わる。

マイナス60度にもなる環境を生き抜くために、たくさんの力を蓄えているペンギン。
マナPenくんは、知識と知恵を蓄え、自らのペンの力で未来を切り拓く皆さんを応援します。

マナPenくん®

大学入試 レベル別英文法問題ソリューション ラストスパート1 スタンダードレベル

2024年7月29日　　第1刷発行

著　者──肘井　学
発行者──齊藤　龍男
発行所──株式会社かんき出版
　　　　　東京都千代田区麹町4-1-4 西脇ビル　〒102-0083
　　　　　電話　営業部：03（3262）8011㈹　編集部：03（3262）8012㈹
　　　　　FAX　03（3234）4421　　　　　振替　00100-2-62304
　　　　　https://kanki-pub.co.jp/
印刷所──シナノ書籍印刷株式会社